KB154276

유럽은 왜 빵빵 할까?

빵!

빵빵!

빵!

빵!

빵!

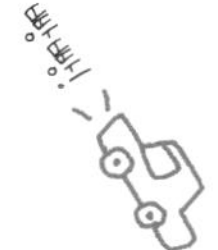
빵빵!

빵빵!

빵!

빵!

유럽은 왜 빵빵할까?

지리

조지욱 글 김혜령 그림

나무를 심는 사람들

통합적 관점으로 세상 보기

최근 들어 핫이슈가 있다. 바로 통합이다. 그래서 통합 사회, 통합 과학이라는 과목도 생겨났다. 세상은 갈수록 고도화되고, 복잡하게 변하고 있다. 이제 어느 한 가지 관점으로 세상을 보아서는 제대로 볼 수 없다는 말이다. 통합 과목이 생겨난 이유이다.

역사학은 시간을 중심으로, 윤리학은 윤리와 철학을 중심으로 세상을 본다. 이에 반해 지리학은 공간을 중심으로 본다. 그런데 하나의 공간에는 온갖 것이 모여 있다. 그래서 지리학은 종합적인 관점에서 세상을 보는 학문이기도 하다. 종합적 관점과 통합적 관점은 상당히 유사한 관점이다. 바로 지리학이 더욱 필요하고, 더 절실한 시대로 접어들고 있다고 감히 말할 수 있다.

이 책에서는 지리학의 주요 이슈들을 다루고 있다. 그것도 가능하면 최근 이슈를 중심으로 통합적이고 공간적 시각으로 풀어 보았다. 크게 땅, 기후, 재해, 갈등, 한국, 세계라는 6개의 주제를 잡아서 그 안에서 세상을 지리학의 입으로 말하고 있다.

먼저 땅은 주로 지형과 관련된 이야기들을 담았다. 화산 지형, 카르스트 지형, 하천 지형, 산지 지형 등 다양한 지형을 형성 원리와 함께 풀었다. 우리나라 지형도 있고, 세계 지형도 있는데 지형이 형성되는 원리는 한국과 세계가 다르지 않다. 어느 곳을 가더라도 "와, 좋다!"라고만 할 게 아니라, 그 지형이 어떻게 생기게 됐는지도 안다면 관광의 기쁨이 두 배로 될 거다.

기후에는 최근 이슈가 되고 있는 기후 관련 이야기들을 담았다. 예를 들면 더 추워지는 겨울 이야기, 심하게 더워지는 여름 이야기, 어디론가 사라지는 듯한 장마 이야기가 그렇다. 기후 공부를 좀 하고 나면 짜증 나는 더위, 벌벌 떨리는 추위 앞에서 좀 더 의연해질 수 있을 거다.

재해에서는 기후로 인한 재해, 지형 형성 과정에 따른 재해 등을 다루고 있다. 기후 재해는 가뭄, 홍수, 태풍 등으로 인한 것이 대부분이다. 지형 관련 재해는 화산 활동에 따른 재해와 지진으로 인한 재해가 있다. 우리나라는 세계에서 재해가 적은 나라에 속한다. 하지만 일본은 그 반대로 세계에서 가장 재해가 많은 나라다.

2018년 여름에도 며칠 사이에 1미터가 넘는 비가 내려서 엄청나게 많은 인명과 재산 피해를 냈다. 재해에 대해 공부하고 나면 왜 그런 일이 생겨났으며, 어떻게 재해에 대비해야 할지도 조금은 알게 된다. 그런 내용을 친구나 부모님에게도 말해 주기 바란다.

갈등에서는 지구촌에서 벌어지고 있는 다양한 싸움을 다루고 있다. 싸움은 말로만 싸우기도 하고, 총으로 싸우기도 한다. 그리고 싸움의 종류는 땅을 차지하기 위한 싸움, 자원을 확보하려는 싸움, 민족 간 원한을 품은 싸움, 종교가 달라서 같이 살 수 없어 벌어지는 싸움 등이 있다. 이 싸움 중에는 어느 정도 정리가 되어 가는 것도 있고, 아직도 끝나려면 먼 싸움도 있다. 이런 갈등을 보면서 우리는 나 자신의 갈등이 왜 발생하고, 그 문제를 어떻게 푸는 것이 맞을지에 대한 성찰의 시간을 갖는 것도 좋겠다.

지금까지 얘기한 땅, 기후, 재해, 갈등은 모두 지리학을 계통적으로 접근한 계통 지리다. 이에 반해 한국과 세계 주제는 지역적으로 접근한 지역 지리다. 한국인으로 알았으면 하는 한국 이야기와 세계를 바라보는 눈을 키울 수 있는 세계 이야기를 담았다.

이 책을 다 읽고 난 후, 여러분에게 공간의 관점이 생긴다면 아니 공간이 무엇인지에 대한 느낌이라도 생긴다면 지난 일곱 달을 달려온 나의 지난날에 보람이 가득할 거다. 작가 입장에서도 이 책은 아마 영원히 잊지 못할 거 같다. 교통사고가 나서 목과 어깨에 통증을 안은 채 다섯 달을 끈기 있게 썼으니 말이다.

차례

프롤로그

1장
지형을 알면 여행이 즐거워진다

2장
알아 두면 쓸 데 많은 기후 이야기

3장
재해는 나쁘기만 할까?

4장

갈등과 분쟁은 피할 수 없는 걸까?

5장

한국인이라면 이 정도는 알아야지

6장
세계를 바라보는 눈을 키우자

1장

지형을 알면 여행이 즐거워진다

1

지리학이란 어떤 학문일까?

사회 현상을 바라보는 데는 여러 가지 관점이 있다. 시간을 중심으로 바라보면 역사학, 윤리적으로 바라보면 윤리학이라고 한다. 그럼 지리학은 무엇을 중심으로 또 어떤 눈으로 바라보는 학문일까?

1945년 8월, 일본이 패망했다. 우리는 35년간의 긴 식민지 생활을 마치고 독립을 했다. 그러나 기쁨은 잠시였다. 북한은 소련이, 남한은 미국이 점령해서 신탁 통치를 했다. 우리 민족은 신탁 통치를 반대했지만 미국과 소련을 몰아낼 힘은 없었다. 당시 소련은 사회주의 대장 국가이자 미국의 강력한 라이벌 국가, 세계에서 가장 넓은 영토(남한 면적의 약 220배)를 가진 나라였다. 땅이라면 더 이상 욕심내지 않아도 될 만큼 넓었다. 미국 역시 소련보다는 작지만 세계에서 세 번째로 넓은 영토를 가지고 있었다. 그런데도 그들은 우리 땅 한반도를 넘보았고, 38선이라는 금을 우리 땅에 그어 버렸다. 그리고 38선의 남쪽은 미국이, 북쪽은 소련이 강력한 영향력을 행사했다.

이런 우리의 역사를 지리의 눈으로 보면 당시 미국과 소련의 엉큼한 속내를 조금은 알 수 있다. 소련은 오늘날에는 사라진 나라다. 하지만 당시에는 지금의 러시아와 그 주변 국가 14개를 합친 나라였다. 소련은 엄청나게 큰 영토에도 불구하고 세계로 진출하기 어려운 약점이 있었다. 소련의 영토는 북쪽은 북극해로 얼음의 바다가 막고 있고, 서쪽으로 진출하려면 독일, 프랑스, 영국 등

쟁쟁한 나라들이 버티고 있었다. 소련은 17세기 러시아 제국 시절에도 서쪽으로 진출하고 싶어 했다. 당시 표트르 황제는 수도를 상트페테르부르크로 옮기면서까지 서쪽으로 진출하려고 했다. 하지만 거기까지였다.

다시 소련의 남쪽으로 고개를 돌려 보면 거기에는 중국과 오스만 제국을 중심으로 한 이슬람 세력들이 지키고 있었다. 중국이야 예나 지금이나 함부로 건드릴 수 없는 존재였고, 이슬람 국가들도 자신들을 건드리면 성전이라고 해서 알라신의 이름을 걸고 끝까지 싸우는 나라들이다.

그래서 소련이 선택한 곳이 동쪽이었다. 하지만 문제가 있었다. 동쪽 바다를 통해 태평양으로 나가려고 하니 바다가 겨울에 얼었다. 그런데 한반도에는 겨울에 얼지 않는 항구(부동항)가 무려 900개가 넘었다. 세력 확장에 총력을 기울였던 소련 입장에서 한반도는 절대 포기할 수 없는 곳이었다.

이번에는 미국의 눈으로 보자. 미국은 태평양 건너편에 있는 아메리카 대륙에 있는 나라다. 인천 공항에서 비행기를 타고 로스앤젤레스를 가려면 12시간을 날아가야 할 만큼 멀리 떨어진 나라다. 1945년 소련은 사회주의 국가로 정치적 이념이 다른 미국에게는 가장 위협적인 존재였다. 미국이 당시 한반도에 주둔하려 했던 중요한 이유 중 하나는 한반도가 소련 손에 들어갈지 모른다는 걱정 때문이었다. 만약 소련에 넘어간다면 일본이나 동남아시아에서 자신들의 영향력이 위축될 것을 걱정했다. 한반도는 소련과 국경선을 맞대고 있기 때문에 소련을 견제하기 위해서는 절대 포기할 수 없는 땅이었다.

세상을 '공간'을 중심으로 바라봐

그런데 1991년 소련이 붕괴된 이후에도 미국은 많은 돈을 국방비에 쓰고 있다. 전 세계 국방비 지출 순위 2위부터 20위 국가의 비용을 모두 합친 것보다 미국이 많다고 한다. 소련이 사라졌지만 미국의 무기 개발은 지속되었고, 지금은 중국을 견제하며 자신들의 존재감을 이어 가고 있다. 하루가 다르게 성장하고 있는 중국의 발전은 눈부시다. 이런 중국의 확장을 억제하는 데 있어서 태평양 연안에서는 한반도만큼 좋은 곳은 없다. 아는 사람은 다 알겠지만 사드라는 미국 미사일 방어 체계도 알고 보면 중국을 견제하기 위한 것 아닌가?

한반도는 무려 1,000회 이상의 외세 침략을 받은 땅이다. 외세는 대부분 오늘날의 중국 땅이나 러시아 땅, 일본 땅에 살던 사람들이었다. 예나 지금이나 한반도는 늘 뜨거운 감자다. 왜 그럴까? 수리적 위치를 보면 한반도는 중위도에 있어서 좋은 기후를 가지고 있고 4계절이 아름답다. 어렸을 때부터 우리나라는 세계에서 가장 아름답고 좋은 기후를 가졌다고 배웠는데 실제로는 다 믿지 않았다. 그런데 어른이 되어 세계 여러 나라를 다녀 보니, 그 말이 거짓이 아니라는 생각을 한다. 또 한반도는 산이 많으나 낮고 완만해서 농사를 짓거나 도시를 건설하기도 아주 좋다. 한편 한반도의 지리적 위치를 보면 유라시아 대륙과 태평양을 잇는 다리와 같은 곳이다. 그러니 문화적으로는 문물이 교류되고, 경제적으로는 수출과 수입이 유리하고, 군사적으로는 요충지에 해당된다.

지금까지 한반도의 운명, 한민족의 운명을 공간적으로 바라보고, 자연 과학과 사회 과학을 합친 종합 과학의 눈으로 보았다. 이것이 지리학이다.

2

지구는 정말 살아 있을까?

살아 있다는 것과 죽었다는 것의 가장 큰 차이는 무엇일까? 그건 아마도 '움직인다'가 아닐까? 그런데 딱딱한 땅으로 둘러싸인 지구가 살아 있다고 한다. 정말?

세계에서 가장 높은 산은 히말라야산맥에 있는 **에베레스트산**이며, 그 정상은 네팔에 있다. 본래 이름은 초모룽마(세계의 어머니 신)였는데 유럽인에 의해 붙여진 에베레스트라는 이름이 전 세계에 알려져 있다. 현재까지 에베레스트산의 공식 해발 고도는 8,848미터다. 이는 1955년 인도 측량가의 측정값을 공식 인정한 것이다.

에베레스트산의 해발 고도는 그것을 재는 나라마다 달랐다. 1849년 영국의 측량가 앤드류 워가 최초로 잰 결과는 8,840미터였으며, 빛의 굴절을 고려할 때 8,882~8,888미터일 것이라고 했다. 그 이후 여러 나라들이 재어 보았는데 미국은 8,850미터, 이탈리아는 8,846미터, 중국은 8,844미터라고 발표했다. 특히 중국은 암석 부분에서 가장 높은 곳이 8,844.43미터이고, 스노 캡(정상에 쌓인 눈)의 두께가 3.5미터라며, 자기들 것이 가장 정확하다면서 네팔 정부에 그렇게 고쳐 넣으라고 압력까지 가했다. 자존심이 상한 네팔 정부는 자신들이 직접 재겠다고 나섰다.

그런데 여기서 궁금한 것은 모두가 최첨단 기계를 써서 쟀을 텐데 왜 공식 수치가 달랐을까 하는 것이다. 여러 가지 이유가 있겠지만 일단 스노 캡을 포함하느냐 마느냐에 따라 달라지고, 정상에 있는 암석 높이의 오차 범위 등에 따라 달라졌다. 그리고 또 한 가지 이유는 에베레스트산이 지금도 높아지고 있기 때문이다. 바로 지구가 살아 있다는 것이다.

지구는 반숙으로 삶은 달걀과 같다. 핵은 노른자위, 맨틀은 흰자위, 지각은 달걀 껍질이다. 우리가 땅이라고 하는 부분은 지각으로 껍질의 가장 바깥 부분이다. 그러니까 우리는 그 얇은 껍질 위에서 집을 짓고 길을 내서 살고 있는 것이다. 그렇다고 너무 쫄 거는 없다. 지구 껍질의 두께는 평균 30킬로미터이고, 아주 두꺼운 곳은 100킬로미터에 이르니까. 세계에서 가장 높다는 두바이의 부르즈 할리파(163층, 829미터) 건물도 그 뿌리는 지구 껍질에 있다.

지구 껍질(지각 판)은 크게 십여 개의 조각으로 나누어져 있다. 대륙에서는 유라시아판이 가장 크고, 바다에서는 태평양판이 가장 크다. 이 중에서 히말라야산맥을 만든 것은 유라시아판과 인도-오스트레일리아판이다. 두 판이 충돌하면서 높아져 8,000미

에베레스트산 1953년 5월 29일, 뉴질랜드 산악인 에드먼드 힐러리와 네팔 셰르파 텐징 노르게이는 세계 최초로 에베레스트산 정상에 올랐다. 노르게이는 크레바스에 빠진 힐러리를 구했고, 정상 바로 앞에서 30분이나 기다리며 체력이 고갈된 힐러리를 격려해서 마침내 둘이 동시에 정상에 올랐다. 힐러리는 평생 노르게이와 친한 친구로 지냈고, 셰르파의 권익 향상에 많은 노력을 기울였다.

터가 넘는 산맥을 만든 것이다. 그 증거는 수천 미터 위에서 발견되는 암모나이트 화석이나 조개껍질 화석, 삼엽충 화석 등이다. 암모나이트나 조개 등은 과거 바다에서 살던 생물들이다. 유라시아판의 바닷가였던 부분과 인도-오스트레일리아판의 바닷가였던 부분이 지금은 산이 되어 있다는 말이다. 그런데 그 충돌이 지금도 이어지고 있다는 연구 결과가 있다. 따라서 에베레스트산이 지금도 조금씩 높아지고 있고, 그 충돌의 증거로 가끔씩 지진이 나는 것이다.

에베레스트산은 지금도 높아져

여기 다 자란 하루살이 한 마리가 있다고 치자. 애벌레 기간이 1, 2년 된다고 하지만 인간도 엄마 배 속에 있을 때 일은 기억 못하니 성충일 때만 가정해서 말해 보자. 하루살이는 하루 이틀이면 사체로 발견되겠지만 오늘 하루는 신나게 살다 갈 것이다. 그런 하루살이가 죽기 전에 이렇게 물어 보자. "지구에 몇 개의 계절이 있었니?" 하루살이는 뭐라고 답할까? 아마 봄, 여름, 가을, 겨울 그 어느 계절이든 하나의 계절이 있다고 답할 것이다. 하루를 살다 가는 생물에게 4계절을 묻는 것은 시험 범위를 벗어난 잘못된 질문일 수도 있다.

하지만 인간은 안다. 단풍이 들기 전에 초록이었음을, 초록이 들기 전에 연두였음을, 연두가 들기 전에 앙상한 가지였음을. 인간은 100년 가까이 살면서 나뭇잎이 초록에서 노랑으로 바뀌는 것도 보았고, 나무의 키가 크고 가지가 굵어지는 것도 보았다. 인간이 지구가 살아 있는지 의심하는 것은 우리 눈으로 그 변화를 보지 못한 하루살이이기 때문이다. 인간이 1억 년 정도를 산다면 지구가 살아 있음을 의심조차 하지 않을 것이다. 그리고 1년에 2센티미터 정도 움직이는 지구의 움직임을 느끼기에 인간은 너무

둔하고, 눈도 나쁘다. 만약 지구가 살아 있다는 것을 믿지 못하는 사람이 있다면, 그는 보이는 것과 들리는 것만 믿고, 느껴지는 것만 존재한다고 믿는 사람일 것이다. 어리석은 사람이 되지 말자.

3

간척을 하면 영해는 넓어질까?

땅은 자연만이 만들어 내는 줄 알았는데, 인간이 바다를 메워 땅을 만들기 시작했다. 영토가 넓어진 것이다. 영토 주변의 바다 중 그 나라의 통치권이 미치는 바다가 영해인데, 영토가 넓어진다면 영해도 넓어질까?

2006년 세계 최대라고 자랑하던 새만금 방조제의 마지막 물막이 공사가 성공하며 바다를 막았다. 이로써 우리나라 갯벌의 절반 정도가 운명을 바꿔 육지가 되었다. 온갖 매스컴에서는 영토가 넓어졌다고 대대적으로 방송했다. '전라북도 군산에서 시작해서 군산 앞바다의 섬을 거쳐 부안을 연결하는 33.9킬로미터의 둑(방조제)을 쌓아서 영토를 넓혔다고….'

새만금 방조제는 길이에서 유럽의 네덜란드 자위더르 방조제(32.5킬로미터)를 제치고 세계 신기록을 세웠다. 정부는 새로 생긴 땅에 농사뿐 아니라, 국제 경제 협력 특별 지구와 국제 무역 센터를 만들고, 관광 레저도 활발한 국제도시를 건설할 것이라고 한다. 지금은 거의 허허벌판이지만 앞으로 그렇게 하겠다는 것이다. 그래도 이 어마어마한 간척 사업의 현장을 보기 위해 연간 400~500만 명의 관광객이 찾고 있다. 육지로 바뀐 땅은 무려 서울 면적의 70%이다. 지속된 간척 사업으로 인해 약 30년 전 교과서에서 남한의 영토가 9.9만 제곱킬로미터였는데 2010년에는 10만 140제곱킬로미터로 늘었다. 이는 서울의 5배, 제주도의 1.5배가 넘는 국토가 늘어난 것이다.

한 국가의 영역은 영토, 영해, 영공으로 이루어진다. 이 중 영토는 본토와 섬을 말하고, 영해는 영토로부터 약 22킬로미터의 바다, 영공은 대류권으로 불리는 상공 10킬로미터 정도까지다. 모든 국가는 영토를 확보하기 위해 노력했다. 어쩔 수 없었다. 비옥한 땅과 맑은 물은 지구별에서 한정되어 있으니 말이다. 오늘날 지구상에는 민족, 종교, 이념 등의 차이로 많은 싸움이 벌어지는데 알고 보면 그 본질은 자원과 영토를 확보하기 위해서인 경우가 허다하다. 하지만 전쟁은 많은 피를 흘려야 했기에 인간들은 고민했다. 그리고 갯벌을 바라보다가 간척이라는 답을 얻었다.

"기준선은 먼바다의 섬을 연결한 것"

간척 사업으로 영토가 넓어진 사례는 얼마든지 많다. 그중에서도 가장 대표적인 나라는 네덜란드다. 네덜란드는 나라 이름부터가 '나는 바다에 잠길지도 몰라요'라는 느낌을 준다. 네덜은 낮다(low), 란드는 땅(land), 즉 낮은 땅이라는 뜻이다. 네덜란드는 전 국토의 25%가 본래 바다였다. 그런데 바닷물이 드나드는 갯벌에 둑을 쌓고 흙과 돌로 메워 육지로 만든 것이다. 우리나라의 서해안과 남해안도 세계적인 갯벌 지역 중 하나이며, 이미 고려 시대에 강화도 갯벌부터 손을 대기 시작해서 새만금에 이른 것이다.

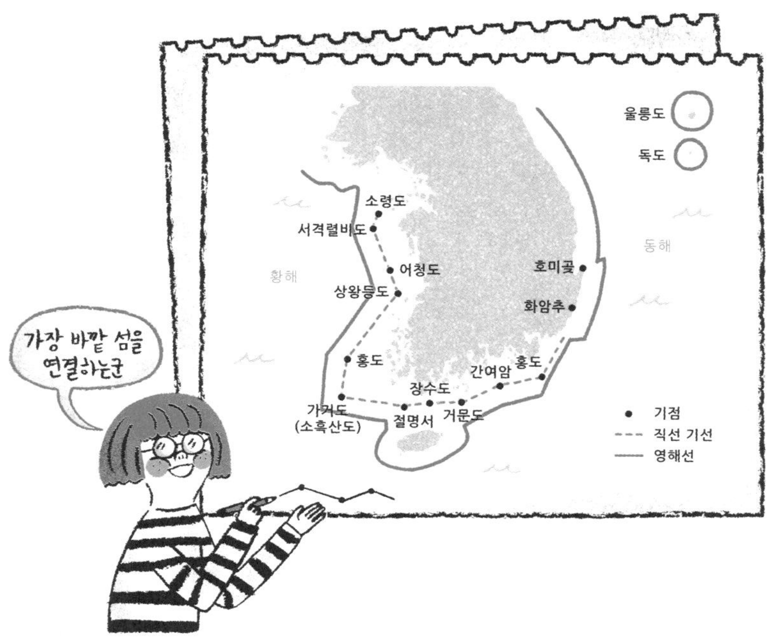

고려 시대에는 몽골군에 쫓겨 왕궁이 강화도로 옮기게 되면서 한 순간에 강화도가 고려의 수도가 되었고, 함께 이동한 인구로 인해 강화도 인구가 약 30만 명에 이를 정도로 급증했다. 그래서 식량 증산을 위해 갯벌을 막아 간척을 했던 것이다.

영해는 해안으로부터 12해리(1해리=1,852미터)다. 12해리가 안 되는 대한 해협과 같은 좁은 바다에서는 3해리로 하고 있다. 옛날에는 여러 나라에서 3해리를 영해로 하는 법을 따랐다. 3해리는 당시 대포를 쏴서 떨어지는 거리였다. 그러나 수백 킬로미터를 날아가는 미사일이 나오면서 대포의 거리는 의미가 없어졌다. 국제 해양 기구에서 12해리를 영해의 범위로 정했는데 문제가 생겼다. 해안선이 다양하기 때문이다. 동해안처럼 단조로운 곳도 있지만 남서 해안처럼 들쭉날쭉하고 섬이 많은 곳도 있다. 그래서 고민 고민한 끝에 동해안 같은 곳은 해안으로부터 곧장 12해리까지를, 서해안과 남해안 같은 곳은 가장 바깥에 있는 섬을 직선으로 연결한 뒤 그 기준선으로부터 12해리까지를 영해로 했다.

영해선은 기준선(기선)으로부터 12해리다. 따라서 영해가 넓어지는지를 보려면 기준선이 변하는지를 봐야 한다. 그런데 서해안과 남해안의 기준선은 먼바다에 있는 섬을 연결한 것이다. 간척지보다 훨씬 더 먼바다에 있다. 따라서 간척 사업을 해도 우리나라 영해 기준선은 그대로이고 이에 따라 영해 또한 변함이 없다.

구이린의 산수는 천하제일이라고?

구이린은 중국 제1호 삼림 국립 공원이며, 유네스코 세계 자연 유산이다. 그런가 하면 중국 돈 20위안의 뒷면엔 구이린이 새겨져 있다. 그만큼 중국이 여기저기 내놓고 자랑하고 싶은 곳이 구이린이다.

구이린(계림/桂林)에는 이름 그대로 계수나무가 많다. 9~11월에 계수나무 꽃이 피면 아름다운 풍경과 꽃향기에 취해서 정신을 차리기 어렵다고 한다. '구이린의 산수는 천하제일이다.'라는 말에 중국 사람들은 대부분 고개를 끄덕인다. 중국 사람들은 죽어서 신선이 되는 것보다 구이린에서 사람으로 영원히 사는 것이 낫다고 한다. 구이린에 여행 가면 높이 솟은 봉우리를 포함해서 여러 카르스트 지형에 입이 벌어진다.

구이린에는 수많은 봉우리들이 뽐내듯 솟아 있는데 그중에는 낙타를 닮은 바위, 코끼리를 닮은 봉우리 등 저마다 인상적이다. 구이린에서 가장 높은 봉우리는 요산이다. 요산은 이곳 대부분의 산들이 돌산인데 비해 유일하게 흙산이다. 돌산은 금강산처럼 암반이 드러난 산이고, 흙산은 지리산처럼 흙으로 덮여 있는 산을 말한다. 요산(고도 1,000미터)에 설치된 케이블카를 타고 1킬로미터 정도를 공중에서 내려다보는 경험은 영원히 잊지 못할 추억이 될 것이다.

화려한 봉우리에 정신을 빼앗겼다가 정신을 차리면 봉우리와 봉우리 사이로 흐르는 리강이 보인다. 강을 따라 지나며 마주하는 산봉우리와 독특한 모양의 기암괴석은 강과 어우러져 한 폭의 수묵화를 연상시킨다. 리강 코스는 총 길이 170킬로미터에 달한다.

한편 구이린에는 **동굴**도 많다. 세계 카르스트 예술의 보고라 불리는 은자암 동굴은 웅장하면서 아름다운 경관으로 유명하다. 관암 동굴은 12킬로미터에 달하는 긴 동굴이며, 기이한 모양의 종유석이 화려하다. 이 중 3킬로미터만 개발됐는데, 동굴 내에는 열차, 배, 엘리베이터, 모노레일이 설치되어 있다.

구이린 지역은 석회암 지대로 석회암이 하천, 지하수, 강수 등의 침식을 받아 봉우리나 동굴 등을 만들었다. 우리나라에서는 단양, 영월 등이 석회암 지역이다. 카르스트라는 말은 유럽에 있는 슬로베니아의 카르스트라는 지역에서 왔다. 카르스트에는 아름다운 석회 동굴이 많은데, 이곳의 이름을 따서 세계 곳곳에 있는 석회암 지형을 카르스트 지형이라고 한다.

석회암은 지구에서 아주 흔한 암석인데, 이는 지금 육지에는 과거 바다였던 곳이 많다는 뜻이다. 석회암은 조개껍질이나 생선뼈 그리고 기타 퇴적물들이 쌓여서 된 암석이다. 이런 이유로 석

구이린 동굴 구이린에서 유명한 두 개의 동굴은 주로 지하수에 의해서 파인 것이다. 동굴이 만들어지는 과정에서 탄산 칼슘이 녹아서 고드름처럼 천장에 달리면 종유석, 땅에 떨어져 쌓이면 석순, 종유석과 석순이 만나서 기둥이 되면 석주라고 부른다.

회암의 주성분은 탄산 칼슘이다. 탄산 칼슘은 물에 잘 녹는 특징을 가지고 있어서 기이한 산, 신비한 동굴 등 가지각색의 지형을 만드는 데 큰 역할을 한다. 탄산 칼슘이 물에 녹는 과정을 용식이라고 한다.

석회암과 물이 만나면? 카르스트 지형

석회암 지역이라고 해서 다 아름답지는 않다. 비가 너무 적거나 추운 곳에서는 용식 작용이 활발하지 못하다. 열대나 온대 지역처럼 따뜻하고 비가 많은 곳에 가야 아름다운 석회암 지형을 볼 수 있다. 중국 남부 지방에 있는 구이린이 바로 그런 곳이다.

구이린이 자랑하는 대표적인 산은 모두 탑 카르스트다. 탑 카르스트는 급경사의 산지, 즉 탑처럼 솟아오른 모양의 봉우리 지형을 말한다. 탑 카르스트가 많은 것은 이곳의 기후와 관련이 깊다. 구이린은 한겨울에도 평균 기온이 영상 8도를 넘는다. 1년 중 6개월이 평균 기온 20도를 넘고, 강수량도 약 2,000밀리미터로 많은 편이다. 이렇게 따뜻하고 습한 곳은 하천, 지하수, 비 등이 모두 충분하니 탑 카르스트 지형을 만들기에 적합하다.

베트남이 자랑하는 최고의 풍경인 하롱베이에 있는 봉우리 섬들도 탑 카르스트 지형이다. 만약 우리나라도 기온이 더 높고,

강수량이 더 많았다면 용식 작용이 더 활발해서 단양이나 영월 등에 탑 카르스트가 많았을 것이다.

구이린은 신이 빚어 놓은 땅이다. 어느 신이 석회암을 구해다가 물이라는 조각칼로 멋지게 만들어 낸 곳이다. 구이린에는 1년 내내 관광객의 발길이 끊이지 않는다.

5

평창은 과거에도 고원이었을까?

2018년 2월을 가장 뜨겁게 달궜던 도시는 평창이다. 2018 동계 올림픽을 계기로 평창은 올림픽의 도시, 평화의 도시가 되었다. 평창이 동계 올림픽 개최지로 지정된 데는 고원이라는 지형적 특징이 한몫했다. 고원은 평야보다 기온이 낮아서 눈이 쉽게 녹지 않고, 사면이 완만해서 스키장 건설에도 유리하기 때문이다.

평창은 강원도 중남부에 있다. 면적은 약 1,464제곱킬로미터로 우리나라 지방 자치 단체 중에서는 홍천, 인제, 안동 다음으로 크며, 서울 면적의 약 2.5배다. 하지만 인구는 약 4만 3천 명(2017년 기준)인 작은 도시이다.

평창은 태백산맥의 중앙에 위치하며 평균 고도 700미터의 고원 지대다. 그런데 평창은 과거에는 바닷속이었거나, 높은 산지였거나, 넓은 평야 지역이었을 수도 있다. 그걸 시기적으로 나누어 말하자면 고생대 때는 바다였을 것으로 추측하고 있다. 그때 형성된 암석이 평창에 존재하기 때문이다. 중생대 때는 높고 험한 산지가 많은 곳이었을 것이다. 당시 산의 높이를 알 수는 없지만 지금의 히말라야산맥에 있는 산들처럼 8,000미터가 넘는 산이었을 수도 있고, 알프스산맥의 산들처럼 3,000~4,000미터의 산이었을 수도 있다.

그런데 중생대 말, 평창 지역은 평야였을 거라고 한다. 그 높던 산들이 오랜 침식으로 마술처럼 사라지고 지금의 호남평야처럼 너른 들판이었을 것이다. 그리고 신생대에 들어서 동해가 생겨나는데, 그 과정에서 평창이 지금과 같은 높은 고원이 되었다고 한다.

정리를 해 보면, 평창이 과거부터 지금까지 바다 → 산지 → 평야 → 고원의 과정을 거쳐 오늘이 있게 되었다는 말이다. 우리 역사에서 평창은 늘 고원이었지만 지질 역사에서 평창은 여러 모양을 하고 있었다. 마치 인간이 태어나서 누워 있다가 기다가 걷다가 뛰다가 하는 것처럼 말이다.

평창이 고생대 때 바다였다는 증거는 그 주변 지역에 많이 있는 시멘트 공장이다. 시멘트의 원료는 석회암이고, 석회암은 고생대 때 만들어진 암석으로 바다에서 조개나 생선뼈 등 석회질과 기타 퇴적물이 쌓여 만들어졌다. 한편 평창에 가면 도로 주변에 마치 삼겹살 무늬처럼 수평으로 된 지층을 발견할 수 있다. 수평 지층은 과거에 그곳이 물속이었음을 말해 준다. 육지에서는 바람이나 동물의 이동 등으로 인해 퇴적물이 곱게 쌓여 나타나는 수평 지층이 발달하기 어렵다.

중생대 초에 산이었다는 증거는 당시에 충격으로 터진 많은 화산과 지층이 휘어지거나 잘라진 습곡이나 단층이다. 한반도가

평창 평창군은 평창읍과 7개의 면으로 되어 있고, 그 면 중에서 이효석의 단편 소설 「메밀꽃 필 무렵」에 나오는 봉평장이나 진부장이 있는 봉평면과 진부면도 있다. 2018 동계 올림픽은 대관령면에서 개최되었다.

있는 유라시아판과 태평양판의 충돌로 한반도에는 알프스산맥과 같은 험한 산지가 형성되었을 것이다. 그리고 그 과정에서 땅이 휘고 잘리는 대지진과 화산 활동이 빈번했을 것이다. 중생대 때는 신생대보다 격렬한 화산 활동이 있었을 것으로 본다. 한 예로, 전라남도 광주의 무등산이나 영주 주왕산 등은 중생대 화산이다. 그리고 시간이 흐르면서 높은 산들은 비, 바람, 하천, 빙하 등에 의해 깎여서 낮아지고 평평한 곳이 되었다. 중생대 말~신생대 초쯤, 평창뿐 아니라 한반도는 전체적으로 낮고 평평한 곳이었을 것이다. 지금의 시베리아 대평원, 아메리카 중앙 대평원, 유럽 대평원처럼 말이다.

"평창이 바다였다고?"

신생대 때, 한반도와 일본이 분리되는 일이 생겨났다. 본래 한반도 동쪽에 일본 땅이 붙어 있었는데, 2200만 년 전부터 일본이 한반도에서 떨어져 동쪽으로 이동하였다. 맨틀이 운동하는 과정에서 그 위에 놓인 육지가 움직이는데, 당시 일본은 동쪽으로 한반도는 서쪽으로 밀기 시작한 것이다. 그러면서 그 사이에 물이 차 들어서 동해가 생겨났다. 한반도를 서쪽으로 미는 힘 때문에 우리 땅 동쪽에는 태백산맥, 함경산맥, 낭림산맥 같은 척추 모양의 산맥이 솟아올랐다. 이때 평창은 평탄한 면을 그대로 유지하며 솟아올랐기 때문에 고원이 되었다.

평창은 동해의 혜택으로 고원이 되어 올림픽까지 열었는데, 동해의 평창 사랑은 여기서 끝나지 않고 기후에도 이어진다. 평창은 2월에 눈이 많이 내리는데, 그것도 동해의 선물이다. 2월이면 북쪽 러시아에서 우리나라로 북동풍이 불어온다. 그 바람이 동해를 거치면서 동해로부터 증발되는 수분을 공급받아서 습해지고, 우리 동쪽 지역에 도착해서 높은 산을 오르며 눈을 뿌리게 되는 것이다. 우리 국민은 평창 올림픽을 통해 행복했는데, 알고 보니 그 행복의 원천은 바로 동해였다.

6 남극 대륙의 주인은 누구?

1961년 남극 조약이 발효되었다. 남위 60도부터 극 사이의 땅에서는 영토 주장을 할 수 없게 하여 지구인 모두가 공유할 수 있는 땅으로 남겨 둔 것이다. 그러나 조약이 끝나는 2048년부터는 어떤 일이 벌어질지 아무도 모른다.

남극 조약은 미국 아이젠하워 대통령의 제안으로 워싱턴에서 12개국이 모여 체결한 조약이다. 이와 같은 조약이 필요했던 이유는 남극 대륙에 욕심을 내는 나라들이 늘면서 갈등의 조짐이 커지고 있었기 때문이다. 남극 조약에 따르면 2048년까지 남극 대륙에서는 핵 실험을 금지하고, 방사성 폐기물을 버리지 못하며, 자연을 잘 보호하는 등 평화적으로 남극 대륙을 이용해야 한다. 이에 따라 남극 대륙은 주인이 없는 땅으로 과학 탐사나 자연 보호 활동 정도만 가능하다. 현재 남극 조약에는 모두 53개국이 가입돼 있고, 우리나라는 1986년 33번째로 가입하였다.

그런데 조약 체결 이후에도 남극 대륙에 대한 각 나라들의 욕심은 그대로인 듯하다. 전문가들은 여러 나라들이 경쟁적으로 연구 기지를 세우는 가장 큰 이유는 훗날 남극 대륙을 나누게 될 때를 대비하는 것이라고 한다. 연구 활동의 업적이나 연구 기지의 개수 등이 자원 개발권이나 영유권을 주장할 명분이 될 가능성이 크기 때문이다. 현재는 남극점에 있는 미국의 아문센-스콧 기지를 비롯하여 약 20개 나라의 40여 개 기지에 여러 분야의 전문가들이 머물면서 연구에 몰두하고 있다. 우리나라는 세종 과학 기지와 장보고 과학 기지가 있다.

남극 대륙은 약 1400만 제곱킬로미터로 한반도의 약 70배, 지구 육지의 10%를 차지한다. 남극은 대륙 전체가 얼음으로 덮여 있으며, 곳곳에 높은 얼음산이 많다. 남극 대륙에 존재하는 얼음의 양은 전 세계 얼음의 90%를 차지한다. 또 남극 대륙의 많은 부분이 바다보다 낮은 곳에 있다. 따라서 얼음이 사라진다면 지금과는 다르게 생긴 남극 대륙을 보게 될 것이다.

남극 대륙의 연평균 기온은 지역에 따라 영하 40도에서 영하 70도까지 나타난다. 특히 동남부 고원 지대에서는 기온이 더 낮다. 지금까지 관측된 자료 중 최고치는 러시아 보스토크 기지의 영하 89.2도다(1983년 7월 21일). 남극 대륙 하면 추운 줄만 아는데 사실은 사하라만큼 건조하여 '하얀 사막'으로 불리며, 기어 다녀야 할 정도로 바람이 셀 때가 많다.

남극 대륙이 늘 얼음의 땅은 아니었다. 인간이 지구에 생겨나기 전에는 숲도 있었고, 공룡도 살았다. 이는 상상이 아니라 화석을 통해서 검증된 이야기다. 남극 대륙은 철, 금, 다이아몬드, 석유, 석탄 등 굉장한 자원의 보물 창고일 것이라고 예측하고 있다. 그래서 각 나라들은 남극 대륙 쟁탈을 위한 보이지 않는 싸움을 치열하게 하고 있다.

남극 대륙의 지명은 나라마다 다르다. 우리나라의 세종 과학 기지가 있는 섬을 영국이나 칠레는 킹조지섬이라고 부르지만 아르헨티나는 독립 기념일을 따 '5월 25일 섬'이라고 부른다. 또 세종 과학 기지와 칠레 기지 사이의 움푹 들어간 바다를 영국은 '맥스웨만', 칠레는 '필데스만', 아르헨티나는 '가르디아만'으로 부른다. 이렇게 자기 식으로 지명을 붙이는 것은 먼 훗날 자기네 땅이라고 우기기 위해서다.

남극에 연구 기지를 세우는 이유

어떤 나라들은 남극 대륙이 자기 나라와 가까이 있다며, 또 어떤 나라들은 남극을 자신들이 발견하거나 탐험했다며 영유권을 주장한다. 그리고 그중 몇 나라는 이미 주인 행세를 하기도 한다. 아르헨티나는 1815년에 자국의 탐험가가 남극 대륙의 남쉐틀랜드 군도를 발견했다며 영유권을 주장한다. 하지만 아르헨티나의 주장에 대한 기록은 없다. 그런데도 2005년에는 '남극 거주 100년' 기념우표를 발행했다. 이는 1904년, 남극 라우리섬의 스코틀랜드 탐험 기지를 인수해 지금까지 아르헨티나 사람을 그곳에 살게 했다는 주장에 근거한 행동이다.

칠레는 남극 대륙 관문인 푼타아레나스를 가진 자신들이 남극 대륙의 주인이라며, 이동 전화 기지국까지 세워 놓았다. 그리고 자기네 영토로 주장하는 곳에서 1년에 한 차례씩 대통령과 장관들이 가서 국무회의를 하고 있다. 임산부를 보내어 남극에서 출산하도록 하거나 남극에서 유일하게 초등학교를 세우기도 했다. 각 나라마다 먼 훗날, 남극 대륙에서 영유권을 주장하기 위해 근거를 만드는 것이다.

지구촌은 자원 부족으로 갈수록 허덕일 것이고 자원의 보고 남극 대륙에서는 더 뜨거운 경쟁이 일어날 것이다.

2장

알아 두면 쓸데 많은 기후 이야기

7

유럽은 왜 빵!빵! 할까?

북서 유럽의 여행은 즐겁다. 영국, 프랑스, 독일 등 누구나 한 번쯤은 가 보고 싶은 나라. 그런데 이들 나라에서 정말 나를 기쁘게 하는 것은 다름 아닌 빵이었다. 어디를 가나 빵, 빵이다. 그래서 보고 또 보고, 먹고 또 먹어 본다. 어쩌다 유럽은 빵 천지가 되었을까?

바삭하고 구수한 바게트는 프랑스의 대표 빵이다. 바게트는 딱딱하게 구운 빵으로 구수한 맛이 나는 것은 누룽지가 만들어지는 원리와 비슷하기 때문이다. 프랑스빵은 만든 후 8시간 안에 먹는 것이 최고란다. 그래서 프랑스 사람들은 먹을 때마다 필요한 만큼 산다. 프랑스빵은 크기나 모양에 따라 이름이 제각기인데 '바게트'는 길이 67~68센티미터, 무게 280그램의 빵이다. 프랑스에서는 신선한 빵 맛을 위해 비닐 포장지 대신 통풍이 잘 되는 포장지를 쓴다고 한다. 통풍이 안 되면 빵 표면이 눅눅해지기 때문이다.

독일의 대표 빵, 브레첼은 중세 교회에서 구운 축제용 빵으로 매듭 모양으로 되어 있다. 밀가루 반죽에 소금을 뿌려 구워 낸 것으로 아침에는 주로 식사용이지만 짭짤하고 쫄깃하여 맥주 안주로도 인기가 좋다. 뮌헨의 맥주 축제인 '옥토버페스트'로 인해 더 유명해졌다.

영국으로 가면 잉글리시 머핀이 나를 기다린다. 이 빵은 중국의 호떡이 실크 로드를 따라 유럽에 와서 바뀐 것이다. 잉글리시 머핀은 이스트나 베이킹파우더를 사용하여 팽창시킨 것으로, 수평으로 잘라 햄이나 소시지, 야채를 올려 먹거나 버터나 잼을 발라 먹으면 더 맛있다. 이외에도 덴마크의 데니시 페이스트리, 네덜란드의 더치브레드 등 종류도 이름도 다양하다.

북서 유럽은 영국, 프랑스 북부, 독일, 네덜란드, 덴마크, 스칸디나비아 3국(노르웨이, 스웨덴, 핀란드)을 포함하는 곳이다. 오늘날 많은 사람들이 살아 보고 싶은 나라, 그렇게 되고 싶은 나라들이 이곳에 많다. 우리나라 사람 중에도 독일이나 노르웨이의 사회 제도를 꿈꾸는 사람들이 많다. 하지만 이곳의 기후는 사회 제도만큼 좋지는 않다. 서안 해양성 기후라고 하는데, 대륙의 서쪽에 있으면서 바다의 영향을 받기 때문에 붙여진 이름이다.

북서 유럽은 대부분 중위도에 속하며 유라시아 대륙의 서쪽에 있고, 편서풍의 영향을 크게 받는다. 편서풍은 중위도에 부는 바람으로 서쪽에서 동쪽으로 분다. 과거 콜럼버스가 아메리카를 발견하고 난 후 다시 유럽으로 돌아올 때 이용했던 바람이기도 하다. 편서풍은 대서양을 지나며 바다의 습한 성질을 가지고 북서 유럽에 도착해서 기후에 영향을 준다. 바다는 육지에 비해 서서히 데워지기 때문에 여름에도 기온이 많이 오르지 않는다. 그래서 북서 유럽에는 여름 평균 기온이 영상 22도를 넘지 않는 곳이 많다. 만약 우리나라의 여름 평균 기온이 22도를 넘지 않았다면 그해 벼농사는 최악의 흉년일 것이다. 이런 이유로 북서 유럽인들은 서

늘하고 건조해도 잘 자라는 밀을 재배하고, 너른 풀밭을 이용해서 소를 키웠다. 밀은 그냥 먹으면 쌀처럼 달달하지 않고, 까칠하고 맛이 없다. 그래서 가루를 내서 빵이나 면을 만들어 먹었다.

북서 유럽의 땅은 경작지로 쓰기에는 박토가 많다. 빙하기 때 빙하로 덮여 있어서 새로운 퇴적물이 쌓이지 못해 영양분을 공급받지 못한 토양이다. 그러니 농사를 몇 년 지으면 아예 못 쓰는 땅으로 바뀌었다. 그래서 어떤 농부는 감자, 사탕무, 밀 등 땅으로부터 영양분을 많이 빼앗아 가는 것과 그렇지 않은 것을 돌려 가며 농사를 지었다. 또 어떤 농부는 경지를 계절에 따라 경작을 하는 땅과 쉬게 하는 땅으로 나누고, 일정 기간이 지나면 순서를 바꾸었다. 휴경지는 경지가 되고, 경지는 휴경지가 되게 한 것이다.

서늘한 여름, 빙하 박토가 세계 최고의 빵을 만들다

유럽의 빵 맛을 결정한 숨은 주인공은 소금이다. 북서 유럽에 있는 북해 연안은 세계적인 갯벌 지역으로, 이들에게는 오래전부터 최고급 천일제염을 만드는 기술이 있었다. 프랑스에서 생산되는 '플뢰르 드 셀(소금의 꽃)'은 유럽 최고의 소금으로 프랑스 고급 요리에는 반드시 들어간다고 한다.

오래전부터 북서 유럽에서는 빵을 즐겨 먹었다. 당시의 빵은 지금처럼 화려하지도 재료가 복잡하지도 않았다. 그들이 즐겨 먹던 빵은 밀가루에다가 물과 약간의 소금만 넣어서 자연 발효로 만들어 투박하게 생겼다. 크기도 어른 머리통만 한 것도 있을 만큼 지금보다 훨씬 컸다. 작게 만들면 금방 딱딱해져서 오래 보관할 수 없기 때문이었다. 시간이 흐르면서 어떤 빵은 그 모습 그대로 명품이 되었고, 어떤 빵은 업그레이드가 되어서 명품이 되었다.

유럽은 신대륙 발견 이전까지만 해도 농사에 불리한 자연환경 때문에 먹고사는 것이 참 힘들었다. 그러나 시련이 사람을 강하게 만들어 주듯이 서늘한 여름, 빙하 박토라는 열악한 환경이 세계 최고의 빵을 만들게 했다. 유럽이 빵빵 하는 이유는 바로 열악한 자연환경을 극복한 그들의 땀방울이었다.

8

장마철이 사라지는 걸까?

하지 감자는 하지 무렵에 나오는 감자다. 하지는 1년 중 가장 해가 길 때를 말하며, 우리나라는 6월 21일이다. 이때는 장마가 시작될 무렵이기도 하다. 그런데 언젠가부터 하지가 되어도 비 소식이 없을 때가 잦아졌다. 처음에는 우연인가 했는데 아닌 거 같다.

우리나라의 장마는 보통 하지에 시작되어 한 달 정도 비를 뿌린 후 7월 20일 무렵 끝난다. 지역에 따라 다소 기간 차이가 있지만 대체로 그렇다. 장마가 끝나면 8월 중순까지 불볕더위가 이어지고 사람들은 계곡과 바다를 찾아 피서를 떠난다. 이때를 한여름이라고 한다. 그런데 1990년대부터 정확한 이유는 모르지만 이런 규칙성이 깨지곤 한다. 장마가 끝난 후인 8월이나 9월 초에 장마 때만큼 많은 비가 내리기도 했다. 장마 기간이 불규칙하거나 사라지는 듯한 현상의 원인을 지구 온난화로 보는 학자들이 많다. 과거보다 기온이 올라 8월뿐 아니라 9월에도 한반도 상공에 큰 비를 내릴 수 있는 구름대가 발달한다는 것이다.

'장마'란 여러 날 동안 지속적으로 비가 오는 현상이다. 한여름 낮에 잠깐 내리는 소나기와는 전혀 다른 비다. 소나기는 아침부터 뜨거워져 하늘로 올라간 수증기가 구름이 되어 내리는 비다. 그리고 내린 비는 다시 하늘로 올라가 구름이 된다. 이렇게 물의 대류에 의해 내리는 비를 대류성 강수라고 한다. 그에 반해 장마는 전선성 강수다. 전선이라는 것은 서로 성질이 다른 기단(공기 덩어리)과 기단 사이의 경계 면을 말한다.

우리나라에 여름이 오면, 남쪽에 있던 북태평양의 뜨겁고 습한 공기 덩어리(북태평양 기단)가 우리나라 쪽으로 이동을 한다. 그러면 봄철 우리나라 상공에 있던 오호츠크해의 습하고 차가운 공기 덩어리(오호츠크 기단)와 만난다. 이때 오호츠크해 공기 덩어리가 차가워 무겁기 때문에 북태평양 공기 덩어리 밑으로 파고들면서 북태평양 공기 덩어리를 더 높은 상공으로 올린다. 그렇게 되면 더 높은 곳으로 올라간 북태평양 공기 덩어리가 거대한 비구름대로 바뀐다. 이를 장마 전선이라고 하고, 장마 전선에 의해 내리는 비를 전선성 강수라고 한다.

"장마가 아닐 때 강수량이 더 많다?"

장마 전선은 한곳에 가만히 머무는 것이 아니라 남북으로 이동하는 운동을 한다. 남쪽의 북태평양 기단이 강하면 장마 전선은 북쪽으로 올라가고, 반대로 북쪽의 오호츠크 기단이 강하면 장마 전선은 남쪽으로 내려간다.

6월 말에 제주도에 도착한 장마 전선은 북태평양의 기운을 받아 북쪽으로 올라오면서 중부 지방과 북부 지방에 비를 내린다. 중부와 북부에 비가 내릴 때는 남부 지방은 장마 전선으로부터 벗

어나 있으므로 비가 내리지 않는다. 남부 지방에서는 이때가 장마 휴식 기간이다. 북태평양 기단의 기운이 빠지면 이번에는 북쪽의 오호츠크 기단이 남쪽으로 장마 전선을 밀어 내린다. 이때는 북부와 중부가 장마 휴식 기간이다. 우리나라의 장마는 참 멋있다. 한 달 내내 비를 뿌리는 게 아니라 며칠 간격으로 쉬어 가면서 비를 뿌리니까, 장마를 겪는 사람들도 그런 대로 버틸 만하다. 이렇게 장마 전선을 사이에 두고, 두 기단이 한 달간 밀고 당기기를 하다가 7월 말이 되면서 더욱 강력해지는 북태평양 기단이 북쪽으로 쭉 밀어붙이면 장마 전선이 저 중국의 만주 땅에서 소멸되거나 쇠약해진다. 이때부터는 북태평양 기단이 한반도 전체를 장악해서 푹푹 찌는 불가마 더위를 준다. 한여름이 되는 거다.

장마철이 사라진다니 기뻐해야 할까, 슬퍼해야 할까? 하지만 아직 단정 짓기에는 이르다. 날씨는 기상이라고 해서 그날그날의 대기 상태를 말한다. 하지만 기후는 장기간에 걸쳐 반복적으로 나타나는 대기의 현상이다. 30년 이상의 통계를 토대로 보는 것이기 때문에 아직 장마 패턴이 바뀌었다고 하거나, 장마가 사라졌다고 단정 짓기는 어렵다. 하지만 변화가 있음은 분명 사실인 듯하다.

9

지중해 지역이 올리브 천국이라고?

올리브의 재배 면적은 빠르게 늘어 가고 있다. 약으로, 음식으로 올리브의 효능이 알려지면서 생산이 느는 것이다. 특히 에스파냐, 이탈리아, 포르투갈, 그리스 등이 있는 지중해 연안에서 뚜렷하다.

올리브는 만병통치약 같다. 그 효능을 보면 입술이 텄을 때나 다이어트에 그리고 변비와 혈액 순환에 좋고, 암에도 도움이 된다고 한다. 예수도 사람들에게 올리브나무처럼 귀한 존재가 되라고 말씀하셨다고 한다. 그래서일까 고대 이스라엘에서는 양과 올리브나무가 많을수록 부자로 인정했다. 당시 올리브를 재배하는 사람은 병역을 면제해 주었고, 신께 제사를 지낼 때 올리브유를 사용하여 불을 밝혔다. 올리브나무는 더디게 자라기 때문에 목재로 쓰려면 오래 걸리지만 재질이 뛰어나 많이 사용되었다. 특히 성스러운 물건을 만들 때 사용되었는데, 솔로몬 왕은 예루살렘 성전 정문의 조각을 올리브나무로 하였다고 한다.

회색의 올리브 나뭇잎은 대체로 길이 4~10센티미터이고, 나무줄기는 비틀어져 특이하게 생겼다. 열매는 푸른색일 때 수확하여 말리면 검붉은 보라색이 된다. 올리브나무는 땅 위까지 드러난 강인한 뿌리로 가뭄에 잘 견디고, 수명도 길어서 보통 몇 백 년은 충분히 산다. 올리브나무는 잎이 단단한 경엽수로 원산지가 지중해 연안으로 알려져 있으며, 고대 지중해 지방에서부터 재배되었다고 한다.

고대 지중해 지역의 농부들은 해안에서 56킬로미터 이내의 지역에서만 올리브 재배가 가능한 것으로 알고, 내륙에서는 아예 재배하지 않았다고 한다. 그러나 오늘날에는 포르투갈과 에스파냐가 있는 이베리아반도 내륙과 북아프리카 지방까지 재배가 확대되었고, 더 멀리 남아프리카 공화국, 미국의 캘리포니아, 오스트레일리아 등에서도 재배되고 있다. 올리브의 재배 면적은 50년 전에 비해 3배 이상 늘었다. 그중 대표적인 3대 생산국은 에스파냐, 이탈리아, 그리스다. 이들은 모두 지중해 주변국들이며, 전 세계 올리브 생산량의 95%를 차지하고 있다.

지중해 지역에는 지중해성 기후라는 독특한 기후가 있다. 이 기후는 전 세계 육지의 1.7%에서만 나타나는데, 대부분 지중해 연안이 해당된다. 그래서 기후 이름도 원래는 온대 하계 건조 기후지만 지중해성 기후로 더 알려져 있다. 지중해성 기후는 여름이 뜨겁고 건조하며 겨울이 습한 기후다. 우리나라와 비교하면 반대다. 우리는 여름이 습하고 겨울이 건조하니 말이다.

지중해성 기후 지역의 여름이 건조한 이유는 남쪽에 있는 사하라 사막에 있던 뜨겁고 건조한 공기 덩어리가 여름이면 북상하여 지중해 연안을 덮기 때문이다. 사막을 만든 뜨겁고 건조한 공기 덩어리니 비를 기대하기는 어렵다. 그래서 지중해 연안에서는 물이 많이 필요한 벼농사는 어렵다. 벼농사를 짓는 곳이 있지만 대부분 저수지나 강에서 물을 끌어다가 하고 있다. 대표적인 곳이 이탈리아의 포강 유역이다.

이런 이유로 지중해 연안에서는 건조한 여름에 잘되는 과수 농업이 발달하게 되었다. 오렌지, 포도, 레몬, 올리브 등 과수 농업은 비가 많으면 흉년이 들고, 건조하면 당도가 높고 풍년이 든다. 이렇게 나무 열매에 의존하는 농업을 수목 농업이라고 한다.

한편 뜨겁고 건조한 여름은 휴가를 즐기기에는 최고다. 특히 영국, 프랑스 북부, 노르웨이 등 북서 유럽에 사는 사람들은 서늘한 여름을 피해 남쪽으로 내려와 지중해 연안에서 휴가를 지내는 경우가 많다. 에스파냐, 이탈리아, 그리스는 모두 세계적인 관광 대국인데, 그럴 수 있었던 이유 중 하나가 바로 지중해성 기후 때문이다.

"올리브는 뜨겁고 건조한 여름에 자라"

지중해성 기후는 겨울에 비가 내린다. 겨울이라고 해도 대체로 기온이 영상이기 때문에 눈보다는 비로 내리는 경우가 많다. 겨울이 되면 건조하고 뜨거운 공기가 다시 사하라 사막으로 남하하고, 북쪽에 있던 한대 전선이 내려오면서 비를 만든다. 우리나라의 여름에 장마를 가져오는 장마 전선도 한대 전선의 한 종류다.

지중해 연안 사람들은 아직도 청동기 시대처럼 올리브를 수확한다고 한다. 올리브를 수확할 때는 막대기로 나무를 두들기거나 흔들어 수확한다. 우리나라의 대추 수확과 비슷하다. 성서에 올리브를 수확할 때 한 번 지나간 가지는 다시 손대지 말라고 쓰여 있다. 남은 것은 가난한 이방인과 고아와 과부의 몫이라는 것이다. 지중해 지역이 올리브 천국이 된 것은 올리브가 부가 가치가 높은 작물이 되었기 때문이다. 하지만 올리브를 만든 것은 건조하고 뜨거운 햇살과, 약자를 사랑하고 배려하는 지중해 연안 사람들의 마음이라고 생각한다.

10

다시 빙하기가 오는 걸까?

지구 온난화로 지구가 몸살을 앓고 있다. 여름이 길어지고 겨울은 겨울 같지 않고, 봄가을은 짧아지다가 거의 사라질 것이라고 한다. 어떤 사람은 겨울이 춥지 않을 것이라는 생각에 지구 온난화도 괜찮겠다고 말한다. 그런데 웬걸 지난겨울, 서울이 모스크바보다 더 추웠다.

최근 들어 우리나라의 겨울이 시베리아만큼 추워졌다고 한다. 2018년 2월은, 이제 곧 봄이 올 것이라는 사람들의 바람을 사정없이 꺾어 버렸다. 서울 영하 13.4도, 파주 영하 20.6도, 봉화 영하 20.9도 등 전국적으로 기온이 큰 폭으로 떨어지고 강한 추위가 계속되었다. 그런데 이런 추위는 다른 나라에서도 마찬가지였다. 캐나다와 미국 동부에서는 기온이 영하 30도까지 떨어졌다. 그 정도면 북극 평균 기온과 비슷하다.

기상청은 한파의 원인이 '제트 기류 요동' 현상 때문이라고 했다. 1929년 제트 기류를 처음 발견한 사람은 일본 기상학자 오이시다. 그는 후지산 상공에서 강하게 부는 제트 기류를 발견했다. 그런데 그는 에스페란토어로 논문을 쓰는 바람에 세상에 잘 알려지지 않았다. 그리고 7년 후, 최초로 세계 일주 비행을 한 포스트 역시 제트 기류를 경험했다. 제트 기류가 세상에 널리 알려지게 된 것은 2차 세계 대전 때다. 인간의 무기 개발 기술이 발달하면서 9,000미터 상공에서도 비행을 할 수 있게 되었고, 이때 제트기를 타고 높은 상공에서 비행을 하던 조종사들이 비행기가 어

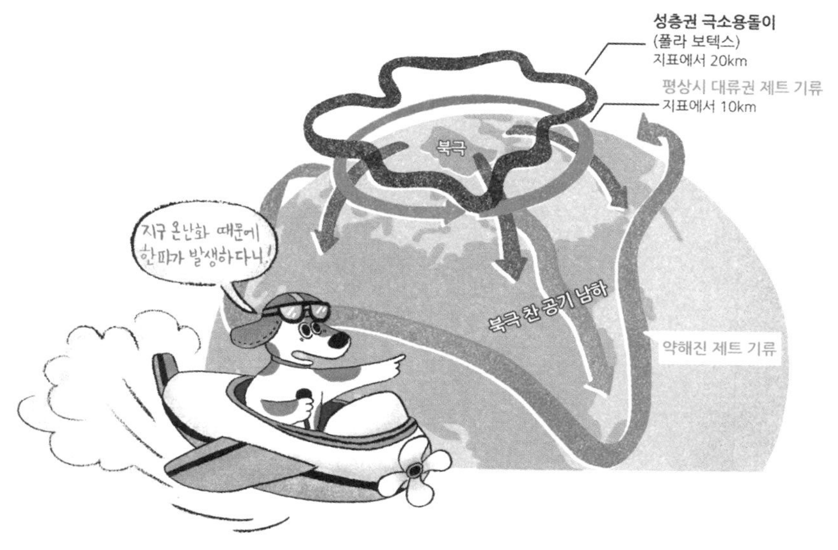

떤 힘에 의해 속도가 빨라지는 것을 경험한다. 그 어떤 힘이 제트 기류인 것이다.

제트 기류는 서쪽에서 동쪽으로 부는 강력한 바람으로 폭은 약 160킬로미터, 길이는 1,600킬로미터 이상으로 알려져 있다. 속도는 시속 100킬로미터 이상이며, 빠를 때는 시속 380킬로미터로 고속 철도보다 빠르다. 이런 제트 기류가 상공에서 빠르게 돌며, 북극의 찬 공기가 중위도 지역으로 내려오지 못하게 막는 방어막 역할을 하는데, 최근 들어 그 방어막이 뚫린 것이다.

극 지역과 온대 지역 사이의 상공에는 제트 기류가 회전하고 있다. 제트 기류는 두개 이상으로 나뉘어 있기도 하고, 하나로 합쳐 있기도 한다. 북반구와 남반구에는 각각 극 제트 기류와 아열대 제트 기류가 있다. 지구에서 가장 강한 제트 기류는 극지방에서 부는 제트 기류며, 보통 9,000~12,000미터 상공에 있다. 제트 기류는 시속 100킬로미터 이상으로 불기 때문에 항공기들이 서쪽의 유럽에서 동쪽의 우리나라로 올 때 비행에 이용한다. 프랑스에서 한국까지 오는 데는 2시간 정도 단축이 되는데, 제트 기류가 에너지 절약에도 큰 도움이 된다는 뜻이다.

"북극의 찬바람이 제트 기류를 뚫고 내려와"

제트 기류의 진짜 도움은 기후에서 발견할 수 있다. 만약 제트 기류가 없다면 우리는 북극의 한파 속에서 살게 될 것이다. 그런데 지구 온난화로 인해 제트 기류에 빨간 불이 들어왔다. 북극 기온이 빠르게 상승하여 한때는 영상 2도까지 올랐다. 이건 평소보다 20~30도 정도 높은 것이다. 북극의 겨울은 해가 뜨지 않기 때문에 더욱 추워야 하는데도 영상 기온을 기록했다는 것은 소름 돋는 일이다. 북극에는 폴라 보텍스(강력하고 차가운 소용돌이)가 있는데, 평소에는 제트 기류에 갇혀 온대 지역으로 내려오지 못한다.

제트 기류가 발생하는 원인은 극 지역과 중위도 지역의 온도 차이다. 보통 대기 간 온도 차가 커지면 기압 차가 커져 바람은 강해지고, 온도 차가 작아지면 바람은 약해진다. 북극 지역이 추울수록 기온 차이가 커서 제트 기류가 강해지는 것이다. 그 차이가 클수록 제트 기류는 강하게 불면서 북극의 찬 공기를 단단히 가둔다. 그런데 지구 온난화 현상 때문에 북극 지역에 고온 현상이 나타나면서 극 지역과 중위도 지역 간 온도 차가 줄어들고, 제트 기류가 약해졌다. 제트 기류가 약해지자 북극의 찬바람인 폴라 보텍스가 제트 기류를 뚫고 중위도 지방까지 확장되며 한파가 찾아온 것이다.

어떤 전문가는 "북극의 찬 공기가 밀려 내려오는 현상은 20~30년간 유지되거나 더 심해질 수도 있다"라고 말한다. 또 어떤 전문가는 "일정 기간 동안 빙하기가 올 수 있다"고 한다. 입술이 없으면 이가 시리다는 말이 있다. 자연의 입술인 제트 기류를 지키는 방법은 지구 온난화를 막는 것이다.

11

사바나의 동물은 왜 대이동을 할까?

고대에는 철새가 계절에 따라 이동한다는 것을 몰랐다. 그래서 겨울에 사라진 새들이 연못이나 호수 바닥에서 쉬고 있다고 믿었다. 고대 철학자였던 아리스토텔레스조차 흰이마딱새는 겨울이 되면 꼬까울새로 바뀌는 마술을 쓴다고 했다. 하지만 동물의 대이동은 그들의 생존 전략이었다.

매년 아프리카 대륙에서는 수백만 마리의 동물이 대이동을 한다. 그중에서도 백만 마리의 누 떼가 드넓은 사바나를 무리 지어 이동하는 모습은 그 자체가 감동이다. 그런데 누 떼의 이동을 유심히 들여다보면 얼룩말이 함께하고 있음을 발견하게 된다. 누와 얼룩말은 왜 사이가 좋은 걸까? 얼룩말은 길고 질긴 풀을 주로 먹는 데 반해, 누는 연한 줄기나 잎을 주로 먹는다. 그러니 둘은 먹이를 두고 다툴 일이 없다. 누와 얼룩말이 눈 똥이 거름이 되어 새싹이 돋아나면 이를 먹기 위해 톰슨가젤 무리가 모여들어 무리의 뒤를 따른다.

한편 가족을 중심으로 무리를 지어 이동하는 아프리카코끼리도 먹이와 물, 소금을 찾아 움직인다. 나이 많고 경험이 풍부한 코끼리가 앞장을 서고, 연약한 새끼를 무리 가운데에 세워 이동을 한다. 사바나 지역의 동물 대이동은 그 자체가 하나의 역사이고 드라마며, 목숨을 건 여행 아닌 여행이다. 아프리카 사바나에서 동물 대이동을 볼 수 있는 가장 대표적인 곳은 케냐와 탄자니아 지역이다. 이곳의 동물들은 매년 3,000킬로미터 이상을 이동하며 산다. 한반도의 남북 길이가 약 1,000킬로미터이니 얼마나 먼 여정인지 감이 올 것이다. 이미 수천수만 년 된 그들의 생존 방법이지만 열대의 사바나에서 수천 킬로미터를 걷고 뛰면서 이동한다는 사실은 고통스럽다. 그런데 고통은 거기서 끝나지 않는다. 그 뒤에는 그들을 노리는 사자, 치타, 하이에나 등 추적자가 있다. 추적자들은 인정사정없는 무서운 놈들이다.

우기에 맞춰 이동하는 사바나의 동물들

케냐의 마사이마라 국립 보호 구역이 우기에 접어드는 7~10월에는 얼룩말, 누, 톰슨가젤 등 수백만 마리의 야생 동물들이 남쪽 탄자니아의 세렝게티 초원으로부터 찾아온다. 5, 6월이 되면서 남쪽의 세렝게티 국립 공원에서 건기가 시작되자 북쪽으로 이동해 온 것이다. 11월에 들어서면 세렝게티의 우기에 맞춰 다시 남쪽으로 돌아갈 것이다. 동물들의 이동이 활발한 시간대는 더위가 한풀 꺾인 이른 아침과 석양 무렵이며, 이때는 사자와 치타, 하이에나도 들판으로 사냥을 나선다. 이때부터 먹고 먹히는 사바나의 진수를 보게 된다.

사바나는 '나무가 없는 평야'란 뜻의 에스파냐 말로 식생의 이름이자 기후의 이름이다. 사바나를 우리나라 말로 바꾸면 열대

초원이다. 사바나는 키 큰 풀과 작은 숲, 띄엄띄엄 서 있는 키 작은 나무들로 되어 있다. 열대 기후는 가장 추운 달의 평균 기온이 18도를 넘는다. 우리나라로 따지면 1월 평균 기온이 18도를 넘는다는 말이다. 그런데 1년 내내 비가 내리는 열대 우림과 달리 사바나는 메마른 건기와 비 내리는 우기가 있다. 사바나는 대체로 열대 우림과 사막 사이에 존재하는데, 사막에 가까운 사바나일수록 건기가 길고 우기가 짧아 나무가 적다.

사바나에서는 건기에는 풀이 누렇게 말라 있다가 우기가 되면 연두 빛 싹을 틔운다. 사바나의 건기에는 풀만 마르는 게 아니라 나뭇잎도 떨어지고 울창하던 숲도 사라진다. 그리고 강이나 호수 근처에 사는 생명력이 강한 나무만 살아남는다.

사바나의 나무들은 모여 있지 않고 띄엄띄엄 떨어져 있다. 물이 부족하기 때문에 적은 양의 물로도 살 수 있도록 진화한 것이다. 나뭇가지는 옆으로 퍼져 있어서 마치 우산이나 버섯을 닮은 듯하다. 그래서 사바나의 나무 밑에는 그늘이 생기고, 그곳은 동물들의 휴식처가 된다.

사바나의 나무 종류로는 아카시아, 바오바브나무 등이 있는데 가장 흔한 것은 아카시아다. 아프리카의 아카시아는 우리가 알고 있는 아카시아와는 다르며, 그 잎은 기린이, 열매는 코끼리가 좋아한다.

사바나는 아프리카에만 있는 것은 아니다. 남아메리카, 오스트레일리아, 아시아 등에도 있지만 아프리카의 사바나가 가장 넓다. 사바나는 회귀선 주변의 뜨겁고 메마른 공기 덩어리와 적도가 지나는 곳에 발달한 비구름대 사이에 위치한다. 그래서 여름이면 적도의 비구름대가 와서 우기가 되고, 겨울이면 뜨겁고 메마른 공기 덩어리가 와서 건기가 된다. 그리고 이에 따라 동물들도 이동을 하게 되는 것이다.

동물의 대이동은 관광 상품이 되어 매년 100만 명이 넘는 관광객이 몰리고 있다. 특히 마사이마라 국립 보호 구역 주변에 있는 관광객을 위한 숙소인 '롯지'는 관광객들에게 인기가 좋다. 하지만 사자나 하이에나로부터 안전을 지키기 위해 전기 철조망으로 둘러싸여 있으니 조심해야 한다. 그리고 여행을 떠날 때는 동물의 대이동 시기를 체크하고 가방을 챙겨야 한다.

12

적도에 봄이 있을까?

적도는 들어오는 열이 방출되는 열보다 월등이 많은 곳이다. 그래서 적도 주변은 늘 열이 남아돌고 뜨거운 곳이 된다. 그런데 이곳에 여름이 아닌 봄이 있다. 그것도 일 년 내내.

적도에 있으면서 일 년 내내 봄인 도시는 남아메리카에 있는 에콰도르의 수도 키토다. 에콰도르는 적도에 있는 나라며, 국명도 적도라는 뜻이다. 키토는 적도에 있지만 세계에서 가장 긴 안데스산맥의 해발 고도 약 2,800미터 위에 있는 도시다. 기온은 고도가 높아질수록 낮아지는데, 보통 해발 고도가 1,000미터 높아지면 약 6도 정도 낮아진다. 따라서 안데스산맥의 저지대 해안가는 30도의 열대 기후지만 키토는 1년 내내 평균 기온이 12~15도 정도다. 그러니까 봄이다.

적도 주변의 안데스 산지는 식생의 분포도 다양하다. 산 아래에는 야자수, 바나나, 카카오 같은 열대작물이 자라고, 위로 올라오면서 상록수, 대나무, 옥수수, 감자 등이 보인다. 더 높은 곳으로 오르면 툰드라 지역에서 자라는 이끼, 지의류 등이 보인다. 그리고 더 높이 오르면 1년 내내 눈이 녹지 않는 만년설이 있다. 그런데 여기서 착각하면 안 되는 게 있다. 이곳의 1년 평균치를 보면 늘 같은 기후이지만, 아침, 점심, 저녁의 기온은 많이 다르다. 키토는 하루에 사계절을 모두 경험할 수 있는 곳이다. 쉽게 생각해서 봄 같은 아침, 여름 같은 한낮, 가을 같은 저녁, 겨울 같은 밤을 느낄 수 있는 곳이 바로 키토다.

안데스 하면 떠오르는 작물은 뭘까? 감자와 옥수수다. 이 작물들은 고산 도시가 발달한 고지대에서 재배하는 작물로, 남아메리카의 많은 지역에서 먹는 주요 식량 중 하나다. 과거 라틴 아메리카의 고대 문명 사람들은 인간이 옥수수에서 나왔다고 믿을 만큼 옥수수를 중시했다. 참고로, 라틴 아메리카는 아메리카를 문화적으로 구분한 경계선으로 미국과 멕시코의 경계인 리오그란데강 이남의 아메리카다. 보통 중앙아메리카와 남아메리카를 합친 지역과 대체로 일치한다. 그리고 남아메리카는 아메리카를 지리적으로 구분한 것으로 파나마 운하 이남의 아메리카를 말한다.

다시 키토 이야기로 돌아가자. 잉카 제국을 생각하면 많은 사람들은 페루를 떠올린다. 하지만 북잉카의 수도는 키토였다. 그래서 키토에는 오래된 유적이 많고, 에스파냐의 지배를 받을 당시 종교 예술 운동이 활발해서, 훌륭한 그림과 목제 조각품들이 많다. 특히 종교 건물들이 도시의 1/4을 차지할 정도로 많다. 키토에는 많은 교회와 수도원 그리고 오래된 저택들이 즐비해서 그 자체가 하나의 박물관이다. 키토의 구시가지는 1979년에 '세계 10대 문화유산 도시'로 뽑혀 일찌감치 그 이름을 날렸다. 안타까운 건 유럽의 과거 문화재는 많은데, 잉카 시대의 건물은 보기 어렵다는 점이다.

만약 키토로 여행을 하게 된다면 아주 신기한 경험을 하게 될 것이다. 키토는 적도 선이 지나는 도시로, 적도 선의 북쪽은 북반구 남쪽은 남반구다. 적도 선을 사이에 두고 선다면 한발은 북반구, 한발은 남반구에 있는 거다. 적도 선에선 변기에서 물이 내려갈 때 회오리를 일으키지 않는다고 한다. 하지만 30센티미터만 적도 선을 벗어나도 회오리를 일으키며 물이 감아 돌며 내려간다고 한다. 이는 지구가 자전을 하면서 생기는 전향력(코리올리 힘)이라는 현상 때문이다. 그래서 북반구에서는 변기의 물이 시계 방향으로 돌고, 남반구에서는 반시계 방향으로 돈다. 지구에 부는 편서풍, 무역풍 등이 휘는 것도, 태풍이 저위도에서는 서쪽으로, 중위도에서는 동쪽으로 이동하는 것도 전향력 때문이다. 적도는 전향력이 0이 되는 곳이다. 그래서 달걀을 세우기가 다른 곳보다 쉽다고 한다. 만약 콜럼버스가 키토에서 누가 나와서 달걀을 세워보라고 했다면 어땠을까? 어쩌면 누군가가 "저요!" 하고 나와서 세웠을지도 모른다. 그렇다면 '콜럼버스 달걀'이라는 말이 나오지 않았을지도 모른다!

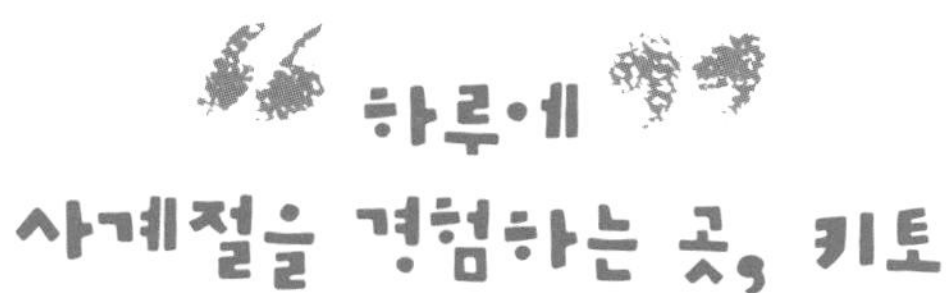

500년 전 유럽인들이 아메리카 동부 해안에 발을 디뎠다. 그리고 서쪽으로, 서쪽으로 진출했다. 그러다가 만난 것이 세계에서 가장 긴 산맥 안데스였다. 그 산맥을 넘으면 무엇이 있을까? 지구의 끝일까? 악마가 존재할까? 지옥일까? 그래서 누군가는 산맥을 넘지 말자고 했다. 힘도 들지만 두려웠다. 하지만 이런저런 고민과 호기심, 욕심과 두려움을 가지고 안데스 산지를 올랐다. 그런데 해발 고도 2,000~4,000미터 고지대에서 상상도 못한 것을 보았다. 바로 수만, 수십만 명이 사는 대도시들이 펼쳐져 있었다.

안데스산맥은 대륙판인 남아메리카판과 대양판인 나스카판이 충돌해서 만들어진 산맥이다. 안데스산맥은 만들어지는 과정에서 급경사의 산지도 생겨나고, 과거에 낮고 평탄했던 지역들이 고원으로 곳곳에 펼쳐지기도 하였다. 그리고 그 고원에 키토를 포함해서 라파스, 쿠스코, 보고타 등 일 년 내내 봄을 품은 도시들이 생겨났다.

3장

재해는 나쁘기만 할까?

13

만약 백두산이 폭발한다면?

1000년 전 백두산 폭발로 발해가 망했다는 설이 있다. 물론 '그건 아니다'라는 주장도 있다. 하지만 백두산 폭발에 대제국 발해가 망했다는 설이 거짓처럼 느껴지지 않는 이유는 뭘까? 지질 전문가들은 백두산이 터지면 우리에게 큰 위험이 될 것이라고 한다.

946년 백두산이 터졌다. 대폭발이었다. 100세제곱킬로미터가 넘는 엄청난 양의 화산재가 하늘로 치솟았다. 그 정도면 한반도 전체를 5센티미터 두께로 덮을 수 있는 양이다. 그리고 그 화산재가 일본으로 건너가 홋카이도와 혼슈 북부 지역에 약 5센티미터 정도 쌓였다고 한다. 정말 엄청난 화산 폭발로 추정된다. 그런데 최근 백두산 일대에서 대폭발을 의심케 하는 현상들이 나타나고 있다. 천지 2~5킬로미터 깊이에서 지진이 자주 감지되고, 천지뿐 아니라 인근 온천의 수온도 오르고 있다.

화산 분출은 크게 열하 분출과 중심 분출로 나눌 수 있다. 열하 분출은 지각의 갈라진 틈을 따라서 마그마가 솟아 나와 흐르는 것이다. 개마고원 북부 지역, 철원평야, 제주도평야 지대 등은 열하 분출로 만들어진 것이다. 지하에서는 마그마로 부르지만 분출하여 지표 위에서 흐르게 되면 용암이라고 부른다. 열하 분출 시 지표 위로 흐르는 용암은 주로 염기성이 강한 용암이다.

용암의 성질을 결정하는 것은 이산화 규소(SiO_2)의 함유량이다. 함유량이 많으면 산성 용암, 적으면 염기성 용암, 그 중간이면 중성 용암이라고 한다. 그런데 각 용암은 성질에 따라 온도와 그 흐름 정도가 다르다. 산성 용암은 잘 흐르지 않고 뭉치려는 성격이 강하다. 따라서 울릉도, 독도 등은 산성 용암이 주로 분출하여 급경사의 화산체를 만든 것이다. 반면 염기성 용암은 산성 용암보다 상대적으로 더 뜨겁고 더 잘 흐른다. 따라서 완경사의 화산체를 만들거나 넓은 대지를 발달시킨다. 제주도 중산간 지대가 완경사인 것은 염기성 용암이 흐른 결과이고, 그것이 굳은 것이 현무암이다.

백두산은 일본 후지산, 미국 옐로스톤 등과 함께 세계적으로 가장 위험한 화산으로 손꼽힌다. 만약 백두산이 폭발한다면 열하 분출이 아닌 중심 분출일 것으로 예측하고 있다. 열하 분출은 조금씩 용암이 흘러나오는 반면, 중심 분출은 어느 날 펑 하고 터진다. 오랜 시간 동안 지하에 차곡차곡 쌓아 둔 마그마가 더 이상의 압력을 이기지 못하고 터지는 것이다. 그렇게 되면 1000도가 넘는 마그마가 천지의 차가운 물과 만나는 순간 급격히 냉각되면서 팝콘을 튀기듯 부피가 팽창되고 엄청난 양의 화산재로 변하게 될 것이다. 그리고 강력한 폭발력과 함께 마그마의 부피가 팽창하면 쓰나미가 발생해 천지의 벽을 무너뜨리고, 20억 톤이 넘는 엄청난 양의 천지 물이 넘쳐 사면을 따라 흘러내리며 대홍수를 낼 것이다. 이 경우 북한 땅뿐 아니라 중국의 얼다오바이허 마을과 쑹화강 상류 지역도 대홍수로 큰 피해를 입을 것이라고 한다.

백두산 화산재는 약 1만 미터 상공까지 치솟을 것이고, 오랜 시간 동안 상공에서 떠돌며, 짙은 먹구름처럼 햇볕을 차단해 기온을 낮출 것이다. 심하면 평균 기온 약 2도 정도를 낮출 수도 있다. 2도라서 별 거 아닌 거 같지만 빙하 시대가 지금보다 평균 기온 6도 정도 낮았다고 생각해 보면 상당히 심각한 일이다. 1923년 폭발된 이탈리아 시칠리아의 에트나 화산과 1991년 필리핀의 피나투보 화산 폭발 이후에도 피해 지역의 기온이 0.5~1도 정도 내려간 기록이 있다. 이 정도만 되어도 그해는 여름이 없는 해로 기록될 것이다.

화산 폭발은 두 얼굴의 야누스

만약 백두산 폭발로 저온 현상이 발생하면 농산물 생산에 치명적인 피해를 줄 것이다. 특히 벼농사는 기온의 영향을 크게 받는데 여름이 시원하게 된다면 대흉년이 들 것이다. 물론 다른 농작물도 마찬가지이기 때문에 쌀뿐 아니라 배추, 고추, 마늘 등 거의 모든 농산물의 가격이 급등할 것이다. 농산물의 가격 상승은 농산물을 재료로 하는 공산품에도 영향을 주어 많은 제품의 가격이 오를 수 있다.

하늘이 어두워진다면 비행기들의 운항이 어려워질 것이다.

화산 폭발 직후는 막대한 화산재로 인해 하늘길도 막힐 것이다. 그러면 해외여행뿐 아니라 수출과 수입의 길도 막히기 때문에 반도체처럼 하늘길을 이용하는 제품들의 가격 또한 비싸질 것이다. 백두산 폭발로 인한 남한의 피해는 직접적이기보다는 간접적일 것으로 본다. 하지만 북서풍이 강한 겨울이나 봄에 폭발하면 바람을 타고 화산재가 남쪽으로 확산될 것이다. 백두산이 가지고 있는 마그마의 양이 워낙 많기 때문에 하루 만에 동해 지역인 강원도, 경상남도는 물론 러시아 사할린까지 화산재로 뒤덮일 수 있다고 한다.

백두산 대폭발은 인간이 막을 수 있는 일이 아니다. 그리고 그 피해는 지금 말한 그 이상일 수도 있다. 하지만 화산 폭발은 두 개의 얼굴을 가진 야누스다. 시간이 지나고 나면 화산재가 내려앉은 땅은 비옥한 농토가 될 것이다. 전 세계적으로 화산 지대에는 많은 사람들이 살고 있다. 이는 화산이 재앙이면서도 축복이라는 증거이기도 하다.

14

보팔 참사는 왜 일어났을까?

기업의 이익 추구는 어디까지 가능하며, 어디까지 용서될 수 있을까? 아직도 해결되지 않은 인도 보팔 주민들의 고통에서 그 답을 찾을 수 있다.

1984년 12월 초, 인도 보팔에서 20세기 최대의 산업 재해가 발생했다. 미국 회사인 유니언 카바이드 공장에서 농약과 살충제를 만드는 데 쓰는 이소시안산메틸이 누출되어 보팔 시민들의 목숨을 빼앗아 갔다. 이소시안산메틸은 1차 세계 대전 때 독가스로 쓰인 포스겐과 시안화 가스가 든 화학 물질로 이를 보관하는 탱크가 터진 것이다. 본래 이 탱크 내부는 0도를 유지해야 하는데 온도가 올라가면서 터졌다.

42톤 규모의 이소시안산메틸 가스가 밤안개처럼 보팔시를 덮었고, 독가스는 공기보다 무겁기 때문에 지상에 낮게 깔려 도시를 채워 나갔다. 잠을 자던 시민들은 눈이 찔리는 것처럼 아팠고, 숨이 막히며 구토를 해 댔다. 시간이 흐르면서 입에 거품을 물거나 눈도 보이지를 않았다. 독가스가 유출되어 퍼져 가는 속도는 사람들이 도망치는 속도보다 빨랐다. 하루 만에 8천 명 이상이 죽었고, 수많은 동물들이 죽었다. 그리고 그 후유증으로 추가로 사망한 사람이 무려 2만 명을 넘었다. 당시 보팔은 하루아침에 시체 썩는 냄새가 진동을 했고, 공기와 물이 오염되어 먹을 것조차 구하기 어려웠다.

전 세계를 놀라게 한 이 사고의 원인은 무엇이었을까? 안전

관리가 미비하고 비상시 대책이 부족했다는 어찌 들어 보면 참 뻔한 이유였다. 그런데 왜 안전 관리가 미비하게 되었고, 왜 비상 대책이 부족하게 되었는지를 더 짚어 보면 또 다른 악마를 발견하게 된다. 보팔 공장은 3중의 안전장치와 운영 요원이 있었다. 워낙 위험한 물질을 다루는 공장이다 보니 안전이 가장 중요하게 다뤄져야 했다. 적어도 미국에 공장이 있을 때는 그랬다. 그러나 미국이나 영국 등 선진국에서 위험 물질에 대한 규제가 강화되면서 이런 공장들이 가난한 나라로 이동하기 시작했다. 이 나라들은 아직 법적인 규제가 거의 없는 상태였다. 또 가난한 나라들은 위험성을 알고 있었지만 일자리 창출과 함께 경제 발전의 기반이 될 공장들이 필요했다. 미국의 3대 카바이드 중 하나인 유니언 카바이드도 인도를 포함해 여러 개발 도상국으로 진출했으며, 사고가 난 보팔 공장은 1969년에 설립한 회사였다.

"독가스가 낮게 깔려 도시를 채워 나갔다니..."

보팔 사고가 발생하기 전부터 전조는 있었다. 이미 포스겐이나 사염화 탄소 등 각종 독극물 누출로 노동자들이 사망하거나 상해를 입는 일이 잇따르고 있었다. 만약 이런 일이 미국 본토에서 있었다면 어떠했을까? 아마 난리가 났을 것이다. 공장 폐쇄까지 이어졌을지도 모른다. 그러나 가난한 나라 인도에서의 유니언 카바이드 공장은 잘 돌아가고 있었고, 가스 누출로 위험성이 보고됐지만 시정 조치도 이뤄지지 않았다.

보팔 카바이드 공장에서는 비용 절감을 위해 안전과 관련된 노동자들까지도 해고했다. 사고가 나던 날도 이소시안산메틸의 보관 탱크의 냉각 장치는 꺼진 상태였다. 이 탱크는 늘 저온을 유지해야 하는데 하루 전기료 40달러를 아끼려고 꺼 놓은 것이었다. 우리 돈으로 약 4만 5천 원을 아끼려고 한 유니언 카바이드는 1983년 매출 100억 달러로 당시 세계 500대 기업 중 하나였다.

유니언 카바이드는 아직까지도 피해자 보상과 후유 장애 치료, 기형아 출산 문제 등을 제대로 해결하지 않고 있다. 보팔 대참사는 아직도 진행 중이다. 인도 정부는 유니언 카바이드에 보상금으로 33억 달러를 요구했지만, 유니언 카바이드는 4억 7000만 달러를 지급했다. 피해자에게 돌아간 보상금은 1인당 평균 550달러로 우리 돈 60만 원에 불과했다. 가진 자들의 오만과 그들에게 유리하게 되어 있는 사회의 구조를 깨지 않는다면 이런 대참사는 앞으로도 늘 발생할 것이다. 토인비의 말처럼 역사는 반복될 것이다.

15

사막이 자꾸 넓어진다고?

지구촌에는 굶주리는 사람들이 무수히 많다. 그중에는 아프리카에 사는 사람들이 많은데, 그들 중 상당수가 사막화 지역에 살고 있다. 그런데 앞으로 사막화 지역은 더 넓어질 것이라고 한다.

사헬은 아랍어로 '가장자리'라는 뜻으로, 사하라 사막 남쪽 변두리 지역이다. 사헬 지역에는 부르키나파소, 카메룬, 차드, 말리, 알제리, 니제르, 나이지리아, 세네갈, 감비아 등이 속한다. 사헬 지역에서는 매년 10킬로미터씩 사막이 늘고 있다. 인구는 빠르게 증가하는데 경작할 땅이 사막으로 바뀌면 어떤 일이 벌어질지는 너무 뻔하다. 이곳에서는 2000만 명이 넘는 인구가 배고픔으로 고통받고 있고, 이 중 250만 명은 당장 죽을 지경이다. 유엔과 세계 여러 나라가 돕고 있지만 감당할 수 없는 수준이다. 이곳의 배고픈 주민들은 자국을 떠나 주변 나라로 넘어가 난민이 되고 있는데 그 수가 매년 70만 명에 이른다고 한다.

사막화는 인간에게만 고통을 주는 게 아니다. 숲과 초원이 사막으로 바뀌면서 생물 다양성이 사라지고 바람에 토양이 깎여 나가는 토양 침식이 확대된다. 토양 침식의 확대는 결국 농지가 황폐화되는 것을 말한다. 따라서 토지가 농산물을 생산할 수 있는 능력이 떨어지기 때문에 흉년이 들고, 이는 식량 부족으로 이어진다. 그리고 모래 먼지가 바람을 타고 날아가 인근 지역이나 국가에 피해를 주기도 한다. 숲이 사라지는 사막화는 점차 산소가 부족한 지구를 만들고, 이에 따라 더 많은 종류의 야생 동물이 멸종 위기에 이른다. 또 숲이 사라지는 바람에 이산화 탄소의 양이 많아져 지구 온난화를 더욱 가속화시키는 원인이 되기도 한다. 사막화로 인한 굶주림과 생태계 파괴는 정치 사회 경제적 혼란으로 이어진다. 예를 들면 사헬 지역의 주민들은 사막화로 절대적 빈곤층이 되었고, 이들 중에는 난민이 되어 세계 이곳저곳을 떠돌아 국제적인 정치 문제로 이어진다.

사막은 본래 자연적으로 만들어진다. 사막은 건조 기후로 강수량보다 증발량이 많으며, 연 강수량이 100밀리미터도 되지 않는 곳도 많다. 사막은 주로 회귀선이 지나는 아열대 고압대를 중

심으로 발달한다. 이곳은 연중 상공에서 내려오는 하강 기류로 공기가 건조하게 바뀌는 곳이다. 세계적으로 큰 사하라 사막과 아라비아반도의 룹알할리 사막 등이 이에 속한다. 사막은 대륙 내부에 위치한 곳에서도 발달한다. 중앙아시아 사막과 중국의 고비 사막 등은 수분의 공급처인 바다와 멀리 떨어져 있어서 발달한 사막이다. 사막화는 이처럼 자연 현상으로 생겨나야 할 사막이 다른 이유로 느는 것을 말한다.

"사막화로 생활 터전을 잃고 난민이 돼"

사막화의 원인은 여러 가지인데 우선은 가뭄이 장기화되는 이상 기후 현상이다. 이것은 지구 온난화 문제와 맞물려 서로에게 영향을 주고 있다. 또 그 지역에 사는 사람들의 지나친 토지 이용이다. 인구가 늘면서 사람들은 숲과 초원을 없애고, 농토로 바꿔 갔다. 한줌의 풀만 있는 곳이라도 소와 양을 풀었다. 이처럼 지나친 목축과 경작이 사막화를 더욱 빠르게 진행시켰다. 그리고 과도하게 지하수까지 끌어 농사를 짓는 바람에 극심한 물 부족에 시달리게 되었다.

그런데 여기서 우리가 놓치지 말아야 하는 진실이 있다. 사막화로 인한 고통은 그 지역 주민들이 고스란히 겪고 있지만 그 원인은 그들만의 것이 아니라는 거다. 예를 들어, 사헬 지역에서 주민들이 과다한 경작을 하게 된 원인은 그들이 농토를 선진국의 자본가들에게 빼앗겼기 때문이다. 커피, 카카오, 고무 등 플랜테이션이 발달하면서 유럽이나 미국의 선진 자본가들은 아프리카, 아시아, 아메리카 일대에서 많은 땅을 플랜테이션 농장으로 바꾸었다. 원주민들은 자신들의 생활 터전을 잃고, 보다 열악한 곳으로 이주하게 되었다. 그러다 보니 인구가 더 밀집하게 되고, 과다한 경작이 이루어지게 된 것이다.

지구 온난화 역시 주범은 지금의 선진국들이라는 주장을 부인하기 힘들다. 지구 온난화의 시작을 산업 혁명으로 볼 때 유럽 국가와 미국이 지구 온난화의 주범임을 부정할 수 없다. 또 오늘날 개발 도상국에서 많은 공장들이 화석 연료를 태우며 만드는 물건들은 선진국에서 보다 많이 소비되고 있고, 다국적 기업의 주인들은 대부분 선진국 자본가들이다.

매년 세계은행과 유럽 연합(EU) 등이 수조 원의 돈을 사헬 지역과 같은 곳을 돕기 위해 지원한다고 한다. 마치 선진국들이 없으면 사막화와 그로 인한 문제를 해결할 사람이 없는 것 같다. 하지만 이는 선진국들의 당연한 책무가 아닐까? 오히려 부족하다는 생각을 떨칠 수 없다.

16

베이징은 동계 올림픽을 무사히 치를까?

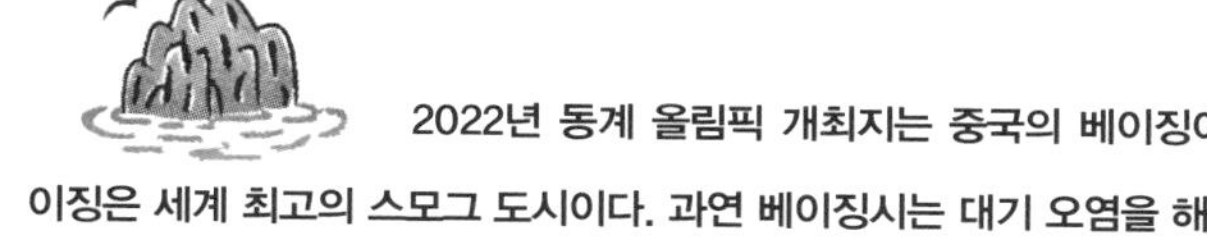

2022년 동계 올림픽 개최지는 중국의 베이징이다. 그런데 베이징은 세계 최고의 스모그 도시이다. 과연 베이징시는 대기 오염을 해결하고 동계 올림픽을 개최할 수 있을까?

중국은 2022 베이징 올림픽을 성공적으로 치르고, 향후 동계 스포츠 강국이 되기 위해 올인 중이다. 2025년까지 스키장 1,000곳과 아이스링크 800곳을 개장하고, 동계 스포츠 특성 학교를 5,000개로 늘리고, 동계 스포츠 선수 500만 명과 동계 스포츠 인구 3억 명을 키운다는 것이다.

그런데 베이징 동계 올림픽의 성공을 의심하는 눈초리가 있다. 스모그 때문인데, 가정과 공장의 석탄 매연, 자동차 매연, 공사장에서 나오는 분진이나 먼지 등이 원인이다. 베이징에서는 석탄을 가정이나 공장에서 많이 쓴다. 베이징이 있는 화북 지방은 석탄이 풍부해 겨울 난방을 석탄에 의존해 왔다. 석탄 보일러로 만든 열을 각 가정에 설치된 라디에이터를 통해 공급하는데, 석탄 보일러를 때는 과정에서 매연과 미세 먼지가 뿜어져 나온다.

베이징은 인구 2천만 명이 넘는 대도시답게 자동차가 많고, 자동차 매연도 심하다. 베이징 전체 미세 먼지의 31%를 자동차가 차지한다. 특히 체면을 중시하는 중국인들은 큰 차를 선호하기 때문에 자동차 배기가스가 더 심하다. 2017년 기준 베이징시의 등록 차량은 590만 대로 중국 24개 도시 가운데 가장 많다.

베이징시는 현재 스모그와 치열하게 싸우고 있다. 가정마다 석탄 보일러를 천연가스로 바꾸고 조잡한 석탄 보일러를 사용한 무허가 건축물은 철거하고 있다. 2017년에는 석탄 난방에 의존해 온 30만 호를 바꾸었다. 2018년에는 도심에서 30킬로미터 이내는 천연가스로 난방 연료를 바꾼다고 한다. 또한 자동차 신규 발급 번호판의 수를 연간 10만 개로 제한하고, 전기 차 구매를 유도하고 있다. 10만 개의 번호판 중 전기 차 등 신재생 에너지 차에 6만 개를 할당한다고 한다. 다른 시의 자동차가 베이징 도심으로 들어오려면 일주일을 머물 수 있는 통행증을 발급받도록 했으며 버스나 지하철 같은 대중교통의 이용도 늘리고 있다. 베이징 지하철은 22개 노선, 총길이는 608킬로미터인데, 2035년까지는 2,500킬로미터로 확장한다는 계획을 세웠다.

스모그는 스모크(연기)와 포그(안개)를 붙여 만든 말이다. 포그는 짙은 안개를 말하는데 일교차가 큰 봄, 가을, 겨울에 자주 나타난다. 일교차는 하루 중 가장 기온이 높을 때(오후 2~4시)와 낮을 때(해 뜨기 직전)의 차이다. 일교차가 큰 계절에 안개가 심한 것은

베이징시 베이징(북경)은 우리말로 북쪽의 수도라는 뜻으로 면적은 서울의 약 28배(약 16,800제곱킬로미터)이다. 황허강 북쪽인 화북평야 북쪽 끝에 있으며, 400~500미터 높이의 산으로 둘러싸여 있다. 베이징은 전국 시대에는 연나라의 수도였으며 나중에는 요나라, 금나라, 원나라, 명나라, 청나라 등을 거쳐 중국 수도로서 800년의 역사를 이어 왔다.

기온이 역전되기 때문이다. 정상적인 기온은 지면에서 위로 올라갈수록 낮아진다. 그런데 눈이 내리거나 아주 추워지면 지면이 매우 차가워진다. 특히 산으로 둘러싸인 지형에서는 주변 산에서 찬 냉기가 사면을 타고 내려와서 지면을 더욱 차게 만든다. 그러면 지면 가까운 곳의 기온이 상공의 공기보다 더 차가워지는 기온 역전 현상이 나타난다. 이때 땅 위에서는 공기가 냉각되어 짙은 안개가 만들어진다.

"베이징 스모그, 제발 잡아 줘!"

짙은 안개는 앞이 보이지 않을 정도이기 때문에 교통사고의 주요 원인이 되지만 짙은 안개를 마셨다고 위험하지는 않다. 하지만 매연이 포함된 스모그는 이야기가 다르다. 매연은 주로 석탄이나 석유와 같은 화석 연료를 태우는 과정에서 발생한다.

매연에는 일산화 탄소와 질소 산화물, 황산화물, 탄화수소 등 온갖 것들이 뒤섞여 있다. 이런 물질들은 두통을 일으키고 폐를 자극해서 기관지염이나 폐렴을 일으키기도 한다. 산업 혁명 이후 스모그는 보통 공장이나 가정에서 나오는 석탄에 의한 매연이 안개와 결합하여 나타나는 것이었다. 그런데 20세기 들어 자동차가 보급되면서 자동차 매연이 햇빛을 받아 광화학 반응을 하여 새로운 스모그가 생겨났다. 질소 산화물과 탄화수소가 햇빛을 받아 서로 결합하여 광화학 스모그를 일으킨 것이다. 1948년에 있었던 LA 스모그가 광화학 스모그이다. 당시 약 12,000여 명의 사상자를 냈다고 한다.

베이징 동계 올림픽이 성공리에 끝날지는 우리에게 중요하지 않다. 그러나 스모그를 잡을지는 우리에게 중요하다. 우리나라는 중국의 동쪽에 있고, 서쪽에서 불어오는 편서풍의 영향을 받기 때문에 중국의 공기 상태는 우리의 푸른 하늘에 직접 영향을 준다. 따라서 우리 또한 베이징 동계 올림픽의 성공을 빌어야 할 형편이다.

17

정말 가을 태풍이 더 무서울까?

1959년 태풍 '사라'로 849명이 사망하면서 사라는 전설이 되었다. 2002년에는 태풍 '루사'로 사망자 246명, 5조 1천억 원의 재산 피해가 생겼고, 2003년에는 태풍 '매미'로 사망자 131명, 4조 2천억 원의 재산 피해를 냈다. 그런데 모두 가을 태풍이었다.

2017년 9월, 한반도의 가을은 긴장으로 시작되었다. 공포의 가을 태풍인 탈림(제18호)과 독수리(제19호)가 한반도에 상륙한다는 소식 때문이었다. 최대 풍속 초속 39미터의 강한 태풍인 탈림은 중국을 향해 오다가 동쪽으로 방향을 틀어 우리나라로 향했고, 제주도 남쪽 바다에서 일본으로 갔다. 이 때문에 일본은 아주 난리가 났고, 우리나라는 생각보다 피해가 적었다.

그런데 한숨 돌릴 틈도 없이 태풍 독수리가 필리핀 쪽에서 우리나라 쪽으로 올라오고 있었다. 태풍 독수리는 초속 41미터로 탈림보다 더 무서웠다. 우리나라 기상청은 바짝 긴장하고 독수리를 주시했다. 그런데 예상 밖으로 독수리는 베트남 다낭에 상륙해서 엄청난 파괴력을 과시했다. 우리는 다행이라며 한숨을 돌렸지만 베트남 사람들은 재앙을 맞이했다.

1년이면 평균 26개의 태풍이 발생하고, 그중 3개 정도가 우리나라에 영향을 준다. 태풍은 보통 해수면 온도가 약 27도 이상이 되면 발생한다. 지구에서 이 정도의 해수면 온도가 되는 곳은 주로 열대(위도 5~25도)의 바다다. 북태평양에서 발생해서 동부 아시아로 올라오는 것은 태풍, 인도양에서 발생해서 남부 아시아와 오스트레일리아에 영향을 주는 것은 사이클론, 멕시코만에서 발생해서 북아메리카에 영향을 주는 것은 허리케인이라고 부른다. 서로 발생하는 곳과 이름은 다르지만 발생 원리는 같은 강력한 비바람(열대성 저기압)이다. 적도는 지구가 스스로 도는 자전에 의한 전향력이 거의 없기 때문에 공기의 소용돌이가 잘 발생하지 않는다. 따라서 태풍은 주로 남, 북위 5도 이상의 저위도 지역에서 주로 발생한다.

저위도에서 발생한 태풍은 고위도 쪽으로 이동하는데 이때 저위도에서는 북동풍의 영향으로 서쪽으로 밀리면서 이동하고, 중위도에서는 편서풍의 영향으로 동쪽으로 밀리면서 이동한다. 그러니 필리핀 앞바다에서 발생한 태풍 탈림이 중국을 향해 북서쪽으로 이동하다가, 타이완 앞바다에서 우리나라와 일본 쪽으로 방향을 튼 것은 자연스러운 일이다. 어느 계절에 발생하든 태풍은 열대에서 온대로 이동하는데, 이때 저위도에서는 서쪽으로, 중위도에서는 동쪽으로 이동하는 경로를 갖는다. 그리고 우리나라에

태풍 발생 빈도 1951년부터 2016년까지 우리나라에 영향을 준 태풍은 총 210개인데 8월 71개(34%) > 7월 65개(31%) > 9월 48개(22.9%) > 6월 18개(8.6%) > 10월 6개(2.9%) 순이었다. 얼핏 보면, 태풍이 8월 > 7월 > 9월 순으로 영향을 준다. 그런데 우리가 눈여겨봐야 하는 것은, 9~10월 발생한 가을 태풍은 약 26%를 차지했지만 그로 인한 재앙은 횟수에 비해 훨씬 컸다는 것이다.

상륙한 태풍의 피해 지역을 보면, 태풍이 지나는 길의 오른쪽 반원에서 더 큰 피해를 보는데 이는 태풍의 회전 방향과 편서풍의 방향이 일치하여 더 센바람을 만들기 때문이다.

태풍의 전성기는 분명 여름이다. 그런데 피해 정도로 보면 가을이 전성기인 듯하다. 태풍의 전과를 보면, 가을 태풍이 더 무섭다는 우리 속담을 허투루 들어서는 안 된다. 가을 태풍에 엄청난 비구름과 강풍이 만들어지는 것은 계절이 바뀌는 것과 관련이 있다는 주장이 있다. 여름이 지나고 가을이 되면, 한반도 상공 5킬로미터에 있는 약 영하 10도의 찬 공기가 태풍이 가져온 수증기와 만나면서 엄청난 양의 비구름과 강풍을 만들어 낸다는 것이다.

"태풍의 전성기는 여름, 피해로 보면 가을"

그런가 하면 가을 태풍이 무서운 것은 해수면의 온도 변화 때문이라는 주장 또한 설득력이 있다. 태풍의 세기는 해수 온도와 직접 관련이 있는데 예상과 달리 9월에 해수면 온도가 매우 높다. 바다는 서서히 가열되기 때문에 8월보다 9월에 해수면 온도가 더 높아진다. 이는 1년 중 해가 가장 긴 6월보다 7, 8월 기온이 더 높은 것과 같은 원리다. 게다가 지구 온난화로 해수면 온도가 더 상승하는 바람에 앞으로 더욱 더 강력한 태풍이 발생할 거란다. 태

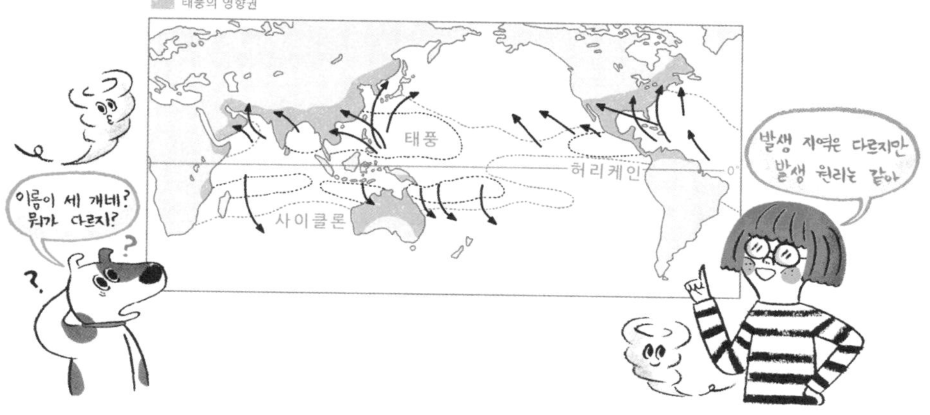

태풍의 영향권

풍은 이동하는 과정에서 바다에서 에너지를 공급받는데 해수 온도가 높아지면서 에너지 공급이 더 활발해지기 때문이다.

그런데 안 좋은 뉴스가 있다. 세계 해수면의 온도는 20년간(1991~2010년) 평균 0.19도 상승했는데, 한반도 주변의 해수면 온도는 그보다 4배가 높은 0.81도나 상승했다고 한다. 지구 온난화로 이제 가을 태풍은 물론 겨울 태풍도 조심해야 한다. 그리고 1982~2012년까지 태풍을 분석한 결과, 태풍 힘이 최강인 곳이 10년마다 53~62킬로미터씩 극 방향으로 올라오는데, 앞으로는 우리나라와 일본이 그 중심에 들어갈 것이라고 한다.

불의 고리는 왜 불타는가?

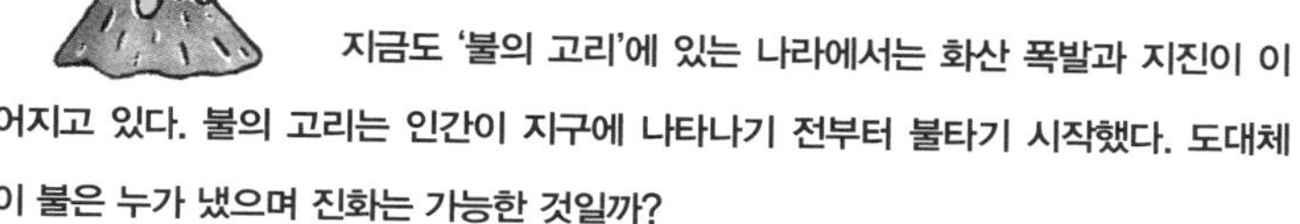

지금도 '불의 고리'에 있는 나라에서는 화산 폭발과 지진이 이어지고 있다. 불의 고리는 인간이 지구에 나타나기 전부터 불타기 시작했다. 도대체 이 불은 누가 냈으며 진화는 가능한 것일까?

불의 고리는 태평양을 고리 모양으로 둘러싼 지역이다. 사실 완전 고리는 아니고 밑이 터진 모양인데 지리학에서 화산대를 말할 때는 고리라고 한다. 환태평양 조산대로 불리는 불의 고리에서는 전 세계 지진의 90%, 대규모 지진 80%, 화산 활동의 75%가 발생하고 있다. 2010년 이후만 해도 일본과 필리핀, 파푸아뉴기니 등에서 화산이 짙은 연기를 뿜으며 폭발했다.

특히 2018년 일본의 중부 군마현 모토시라네산이 35년 만에 대폭발을 했다. 이곳은 도쿄 도심에서 직선거리로 불과 150킬로미터 떨어진 곳이다. 150킬로미터면 서울에서 대전보다도 가까운 거리다. 검은 연기와 함께 치솟은 용암과 암석 파편이 인근 스키장에까지 튀었고, 산사태가 일어나면서 인명 피해를 가져왔다.

필리핀 중부에 있는 마욘산에서도 요란한 폭발음과 함께 화산재가 3,000미터까지 치솟아 하늘을 온통 가렸다. 동시에 어마어마한 양의 용암이 뿜어져 나와 5만 명이 넘는 주민들이 황급히 대피를 했다. 또 인도네시아 동쪽에 있는 파푸아뉴기니에서도 화산이 폭발해 항공기와 선박 운항이 중단되고 주민 수천 명이 대피를 했다.

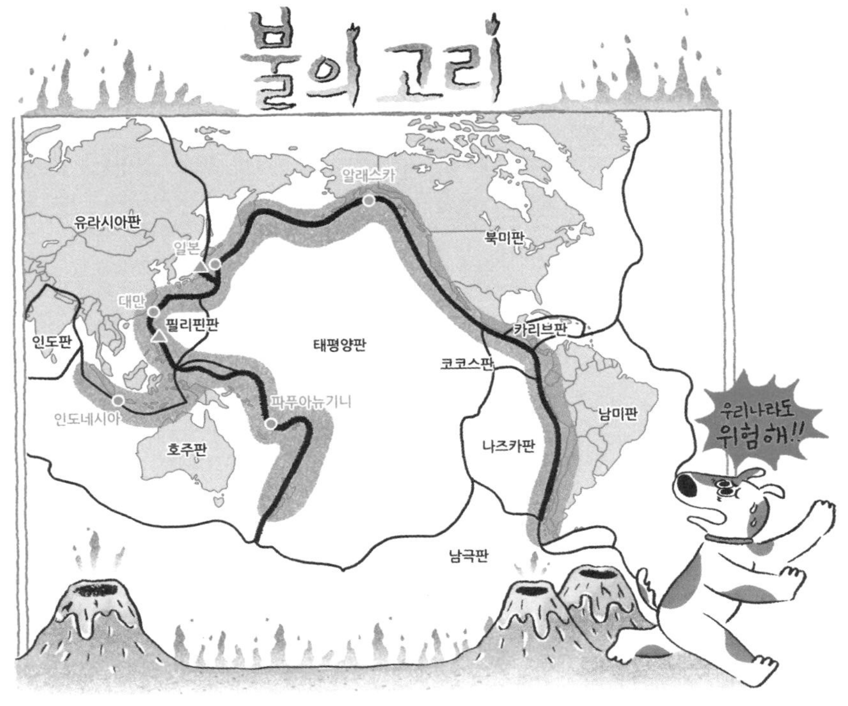

불의 고리에서는 땅이 흔들리고 갈라지는 지진도 잦다. 미국의 알래스카와 인도네시아에서는 강력한 지진이 일어나 주민 수만 명이 대피했다. 알래스카의 남쪽 바다에서 발생한 규모 7.9의 강진은 알래스카는 물론 캐나다와 미 서부 캘리포니아주에까지 쓰나미 경보를 발령시켰다. 화산이나 지진 하면 빠지지 않는 인도네시아에서도 몇 차례에 걸쳐 강진이 일어났고, 이로 인해 도로와 수많은 건물이 파손되었다. 이 외에도 칠레 서부, 일본 도호쿠, 미국 캘리포니아, 에콰도르 페데르날레스에서 지진이 일어나는 등 불의 고리에서의 재앙은 진행 중이다.

손바닥도 부딪쳐야 소리가 난다고 아무 산이나 다 화산은 아니다. 화산은 지하의 마그마가 땅 밖으로 터져 나오는 과정에서 만들어진 지형이다. 그러니 화산이 만들어지려면 일단 땅속에 펄펄 끓고 있는 마그마가 고여 있어야 한다. 그런 곳 중 하나가 바로 불의 고리다. 불의 고리는 최대 길이 4만 킬로미터의 화산 및 지진대로 태평양을 둘러싸고 있어서 환태평양 지진대(화산대)라고도 부른다. 불의 고리는 남극의 파머 군도에서 시작해 남아메리카의 안데스산맥, 북아메리카의 로키산맥과 알래스카로 이어지고, 다시 알류샨 열도, 쿠릴 열도, 일본 열도를 거쳐 말레이 제도, 뉴질랜드로 이어진다.

"인간이 불의 고리의 불을 끌 수는 없다"

그런데 불의 고리를 엑스레이로 찍어 보면 지각 판과 지각 판이 만나는 곳이라는 것을 발견하게 된다. 세계에서 가장 큰 태평양판과 북아메리카판, 남아메리카판, 유라시아판 등이 만나는 곳이다. 말이 좋아 만난다고 하지 사실 충돌하거나 갈라지거나 비껴나는 곳이다. 이러한 과정에서 발생하는 것이 지진이다. 예를 들어 일본에서 발생하는 지진은 유라시아판 아래로 태평양판과 필리핀판이 파고 들어가서 충돌하기 때문이다. 그러니 알고 보면 지진은 지구의 지각 운동으로 나타나는 자연스런 현상인데, 인간에게 피해를 주니까 자연재해가 되는 것이다.

판과 판의 충돌 과정에서는 화산도 폭발한다. 해양판과 대륙판이 부딪치면 더 무거운 해양판이 대륙판 아래로 파고 들어간다. 그렇게 지하 수백 킬로미터까지 내려가면 암석이 녹아서 마그마가 되는데, 마그마가 높은 압력으로 쌓이다가 더 이상 참을 수 없을 때가 되면 화구를 통해 폭발하는 것이 화산 폭발이다.

인간이 불의 고리의 불을 끌 수는 없다. 그건 지구의 지각 운동에 의해 발생한 불이기 때문에 건물에 난 화재와는 비교도 안 된다. 하지만 화산 폭발과 지진 발생을 미리 예측하여 주민들을 대피시키고, 건물을 지을 때 내진 설계를 해서 짓는다면 그 피해를 크게 줄일 수는 있다.

19

아삼 지방에 홍수가 잦은 이유는?

물은 생명의 근원이다. 사막이 농사가 어려운 것은 토양이 나빠서가 아니라 비가 거의 내리지 않기 때문이다. 그래서 비는 보물 같은 존재이지만 너무 많으면 문제가 된다. 우리나라의 연 평균 강수량이 1,300밀리미터인데 이보다 열 배 이상 비가 내린다면 어떨까?

2012년 여름, 인도 북동부 아삼 지역에 내린 비로 인해 브라마푸트라강이 넘치고, 9곳의 제방이 터지면서 아삼주 29개 구역 중 26개 구역이 물에 잠겼다. 600만 명이 넘는 주민들이 집을 잃고 대피했고, 121명이 익사하거나 산사태로 목숨을 잃었다. 이뿐 아니라 호랑이와 외뿔 코뿔소로 유명한 카지랑가 국립 공원에서도 홍수로 코뿔소 13마리를 포함해 540마리의 동물이 죽었다. 아삼 지방의 이런 피해는 자주 반복된다.

아삼 지방에서 홍수로 인해 큰 피해가 발생하는 것은 6월에서 9월까지 부는 몬순 즉, 계절풍 때문이다. 계절풍은 아삼에만 영향을 주는 것이 아니라 인도 북동부 지역 전체에 큰 영향을 준다. 아삼주 바로 옆, 메갈라야주에는 세계에서 가장 비가 많은 곳인 '체라푼지'가 있다. 비가 얼마나 많은지 지명부터가 체라푼지(구름이 머무는 곳)다. 1년이면 평균 11,000밀리미터의 비가 쏟아진다. 체라푼지에 지난 1860년 8월부터 1861년 7월까지 12개월 동안 26,470밀리미터의 비가 내렸으며 그 기록은 아직까지도 깨지지 않고 있다.

'몬순(monsoon)'이란 아랍어로 계절을 뜻하는 '마우짐'이란 말에서 왔다고 한다. 몬순은 우리말로 계절풍인데, 이름 그대로 계절에 따라 바람의 방향이 바뀐다. 그 옛날 아라비아 상인들이 배를 타고 장사를 다니다가 인도양에서 계절에 따라 바람의 방향이 바뀌는 것을 발견했다. 그 바람은 겨울에는 대륙이 있는 북동쪽에서 바다로 불었고, 여름에는 인도양이 있는 남서쪽에서 대륙쪽으로 불었다. 영리한 아라비아 상인들은 몬순을 이용해서 항해를 하며 아시아의 여러 지역과 아프리카까지 이동할 수 있었다.

바람의 방향이 바뀌는 것은 육지와 바다가 열에 반응하는 정도가 다르기 때문이다. 육지는 여름에 뜨거운 햇빛을 받으면 바다보다 빠르게 달궈진다. 보통 바다가 1도 상승할 때마다 육지는 1.7도씩 상승한다. 같은 위도 상에서 바다가 10도 오르면 육지는 17도 상승한다는 뜻이다. 이는 기온이 떨어질 때도 마찬가지다. 따라서 여름에는 육지가 바다보다 뜨겁고, 겨울에는 육지가 바다보다 차갑다.

바람은 기압 차이로 인해서 공기가 수평으로 이동하는 것으로 고기압에서 저기압으로 이동한다. 기압은 지표에 가해지는 대기의 압력인데 보통 기온의 영향을 받아서 상대적으로 더운 쪽이 저기압, 찬 쪽이 고기압이 된다. 따라서 여름에는 찬 바다가 고기압이 되고, 더운 육지가 저기압이 된다. 겨울에는 반대로 찬 육지가 고기압이 되고, 바다가 저기압이 된다. 바람은 고기압에서 저기압으로 부니까, 여름에는 바다에서 육지로 불고, 여름 계절풍이라고 한다. 그럼, 바람 이름은 어떻게 붙일까? 바람이 불어오는 곳에 붙인다. 남쪽에서 불어오면 남풍이고, 북쪽에서 불어오면 북풍이다.

아삼 지방 사람들은 계절풍을 미워할까?

바다에서 인도 아삼 지방으로 불어오는 여름 계절풍은 남서 계절풍이며, 바다에서 충분한 수증기를 머금고 오기 때문에 젖은 바람이다. 이 젖은 바람이 히말라야 산지를 타고 오르면서 비구름으로 변하며 비를 내리는 것이다. 한편 아삼 지방에 비가 많은 또 하나의 이유는 바로 사이클론이다. 사이클론은 남부 아시아에 부는 태풍 같은 비바람이다. 우리의 태풍이 북태평양에서 생긴다면 사이클론은 인도양에서 생겨나서 남부 아시아에 영향을 준다. 계절풍에 사이클론까지 영향을 주니 아삼 지역이 날마다 홍수로 난리를 치르는 것이다.

이쯤 되면 아삼 지방 사람들은 계절풍을 미워할 거 같다. 하지만 그렇지 않다. 계절풍은 홍차 향이 흐르는 강으로 불리는 브라마푸트라강을 범람시켜 비옥한 토지를 만들었기 때문이다. 그리고 비옥한 토양과 뜨거운 햇살, 풍부한 강수량은 아삼을 인도의

여름철 계절풍

겨울철 계절풍

곡식 창고로 만들었다. 아삼의 주민 중 절반 이상이 농업에 종사하고 있으며, 경작지의 70% 이상은 벼농사를 짓고 있다.

한편 브라마푸트라강에 홍차 향이 흐르는 것은 아삼을 포함해서 인도 북동부 지역이 세계적인 차 재배지이기 때문이다. 산지가 아닌 평지에서 재배되는 아삼 홍차는 그 향이 진하기로 유명하다. 세상에는 어쩔 수 없이 함께해야 하는 게 있다. 아삼 지방 사람들에게 계절풍이란 많은 인명 및 재산 피해를 주지만 생계를 잇게 해 주는 필요한 존재이기도 하다. 마치 학생들에겐 학교와 같은 존재다.

요즘 황사가 더 무섭다고?

황사는 늘 불청객이었다. 불청객은 초대하지 않았는데도 온 손님이다. 그런데 요즘 들어서는 불청객 수준이 아니라 재앙이 되고 있다. 왜 갈수록 황사는 더 무서워지는 걸까?

봄이면 꽃샘추위와 함께 오는 손님이 있다. 불청객, 황사다. 황사가 언제부터 한반도에 왔는지는 알 수 없지만 고대에도 황사는 있었다. 황사와 관련된 기록은 삼국 시대에도 '흙 비' 또는 '붉은색 비'가 내렸다는 내용이 있고, 고려 시대나 조선 시대의 역사서에도 자주 등장한다. 20세기 들어서도 황사의 발생은 이어졌는데 발생하는 횟수는 그때그때마다 달랐다. 1971년 이후 20년간 서울의 황사 발생 건수는 평균 매년 8.4회였으나, 1991~2001년에는 9.5회로 늘었고, 그 뒤로 늘어나는 추세다. 그리고 이제는 봄철 손님만도 아니다. 언제부터인지 가을이나 겨울에도 황사가 발생하고 있다. 이는 중국이나 몽골의 사막화 현상과도 관련이 있다.

황사가 몰려오면 시야가 흐려지고 호흡에 불편함을 준다. 심하면 눈병이나 호흡기 질환을 일으켜 병원 신세를 지게 한다. 황사는 하늘을 가려 태양을 뿌옇게 보이게 하여 보통 1킬로미터 정도밖에 안 보이게 하고, 심할 때는 10미터 앞도 안 보이게 한다. 그리고 이런 심한 황사가 지나고 나면 건물이나 가옥, 도로뿐 아니라 농작물에도 흙먼지가 수북이 쌓여 있다. 건물이나 도로, 자동차는 물청소를 하고 나면 깨끗해지지만, 황사로 덮인 농작물은 광

합성을 제대로 할 수 없어서 성장에 피해를 주고 흉작으로 이어지기도 한다.

황사의 정체는 뭘까? 황사는 주로 0.25~0.5밀리미터 정도로 작은 모래 입자이며, 암석이 침식을 받거나 풍화되어 나온 석영, 장석, 운모, 자철석 등이 주성분이다. 석영, 운모, 장석 등은 단단한 암석인 화강암을 이루는 3대 물질이기도 하다. 황사는 중국과 몽골의 타클라마칸 사막이나 고비 사막 등에서, 뜨거운 열기와 바람에 의해 공중으로 떠오른 작은 모래나 모래 먼지가 편서풍을 타고 중국 동부를 지나 우리나라로 오는 현상이다. 중위도 지역의 상공에는 늘 편서풍이 불고 있는데, 편서풍이 강할 때는 황사가 일본이나 미국까지도 날아가서 쌓인다.

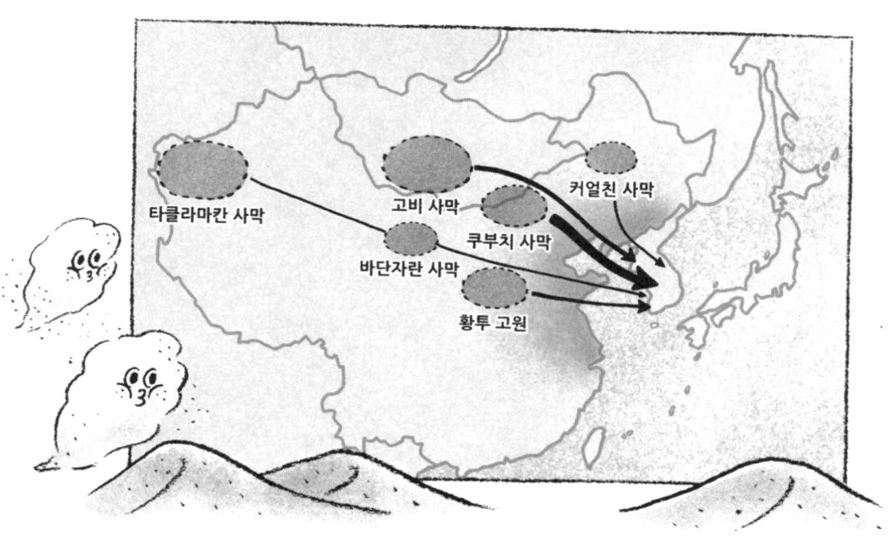

한편 우리나라에 큰 영향을 주는 사막은 쿠부치 사막과 고비 사막으로 알려져 있다. 황사의 최대 피해자는 중국과 몽골이지만 그들은 발원지가 자기 나라 사막이니 누굴 원망하겠는가? 하지만 적지 않은 피해를 겪고 있는 우리나라는 황사 발원지와 멀리 떨어져 있기 때문에 억울하다. 그런데 요즘은 그 억울함이 더 커지고 있다. 옛날 황사보다 지금 황사가 더 무섭기 때문이다. 그 이유는 최근의 황사는 계절을 가리지 않고 달려들고, 건강에 치명적인 미세 먼지가 다량 섞여 있기 때문이다.

"황사? 미세 먼지? 그게 그거지" 하는 사람이 있다. 황사와 미세 먼지는 다르다. 황사는 사막의 모래 입자이지만 미세 먼지는 자동차, 공장 등에서 나오는 오염 물질이다. 황사는 사막과 고원에서 만들어진 미세한 흙먼지로 토양 성분이 주를 이룬다. 인간에게는 불편함을 주지만 토양에는 자양분을 준다. 우리나라는 수천 년 동안 황사 때문에 골치를 앓았지만 만약 황사가 없었다면 우리 땅은 농사를 지을 수 없는 산성토로 바뀌었을 것이라고 한다. 우리나라는 여름에 비가 많기 때문에 여름이면 빗물에 의해 토양의 영양분이 많이 씻겨 나간다. 또 지속적으로 농사를 짓기 때문에 지력도 많이 약해진다. 그런데 봄이면 황사가 날아와 영양분을 더해 주니 황사가 고마운 것도 사실이었다.

이외에도 황사는 착한 일을 많이 한다. 지구로 유입되는 햇빛을 반사해 지구 온난화를 억제해 주고 황사에 포함된 석회나 마그

네슘, 칼슘 등은 대기 중의 산성 물질을 중화시켜 산성비를 줄여 주기도 한다. 산성비가 줄면 토양 오염이나 호수 오염 등이 줄어들 것이다.

"황사? 미세 먼지? 그게 그걸까?"

반면, 미세 먼지는 나쁜 짓만 한다. 미세 먼지는 자동차, 공장 등에서 만들어진 대기 오염 물질로, 10마이크로미터 이하 크기의 매우 작은 먼지다. 입자 크기에 따라 지름이 10마이크로미터 이하인 미세 먼지와 2.5마이크로미터 이하인 초미세 먼지로 나눈다. 지름이 작은 초미세 먼지의 경우 사람의 기관지 및 폐 깊숙한 곳까지 침투해 각종 호흡기 질환을 유발할 수 있다.

미세 먼지는 석유, 석탄 등 화석 연료를 태우고 이용하는 과정에서, 또 자동차 운행 과정에서 배출 가스로 만들어져 중금속과 화학 물질이 포함되어 있다. 특히 황산 이온이나 질산 이온 등은 황사 먼지에 달라붙어 산화된 후 코와 입으로 들어가 폐를 망가뜨려 고통을 준다. 이런 병이 바로 폐렴, 기관지염, 천식, 만성 폐쇄성 폐질환이다.

그리고 여기서 끝나는 게 아니다. 어떤 사람에게는 백혈구를 자극해 혈관을 망가뜨리기 때문에 혈관 질환인 동맥 경화, 뇌경

색, 심근 경색 등 생명을 위협하는 병을 일으키기도 한다. 그래서 과거와 달리 이제 황사를 불청객이라는 친근한 말로 감수하려고만 하면 안 될 일이다. 볼기짝을 때려서 내쫓아야 할 강도다.

4장

갈등과 분쟁은 피할 수 없는 걸까?

21

수단은 이제 평화로울까?

우리는 통일이 소원이다. 갈라져 산 지가 벌써 70년, 오늘도 통일을 기다린다. 그런데 아프리카에서도 남북으로 갈라진 나라가 있다. 바로 아프리카에서 두 번째로 큰 수단이다. 서로 원수처럼 지내다 두 개의 나라로 헤어진 것이다. 그럼, 이제 그들은 안녕할까?

2011년 수단이 남한과 북한처럼 북부 수단과 남부 수단으로 갈라섰다. 수단은 아프리카에서 두 번째로 넓은 영토를 가졌고, 석유 매장량도 아프리카 5위인 나라였다. 북부 수단은 기존의 국명을 그대로 써서 수단으로 불리고, 남부 수단은 남수단 공화국이 되었다. 남수단 공화국은 기존 수단 영토의 1/3을 확보하고, 수도를 주바로 정하여 독립 국가임을 선포했다. 이로써 지구에는 인구 약 1100만 명의 193번째 유엔 정식 가입국이 생겨났다.

수단은 이집트의 지배를 받아 왔다. 19세기 말부터 영국이 이집트를 식민 통치하게 되면서 영국과 이집트의 지배를 받다가 1956년에 독립했다. 사람들은 아프리카를 검은 대륙이라고 하지만 중남부 아프리카만 흑인 아프리카이고, 북부 아프리카는 까무잡잡한 아랍계 사람들이 주를 이루는데, 이들은 인종 분류상 코카서스인이다. 그래서 북부 아프리카는 백인 아프리카라고 부른다.

따라서 수단은 과거에는 사하라 이남 흑인 아프리카로 분류되곤 했지만 이제는 아랍계 민족과 이슬람교를 믿는 사람들이 주로 사는 북아프리카로 보는 게 맞다. 공식 언어도 아랍어다. 반면 남수단 공화국은 공식 언어가 영어이고, 기독교나 토착 신앙을 믿는 65개 이상의 흑인 부족들로 구성되어 있어서 수단과는 종교적, 문화적으로 매우 이질적이다. 그래서 이 둘은 헤어져 사는 게 더 낫다고 말하는 사람들이 많다.

"강대국이 그은 직선 국경선, 증오를 키운다"

아프리카 국경선을 보면 직선으로 이루어져 있는 곳이 많다. '직선 국경선'은 영국, 프랑스, 독일 등 유럽 강대국들이 아프리카 대륙을 식민지로 통치하는 과정에서 맘대로 그어 놓은 것이다. 그러다 보니 별로 친하지도 않은 부족들끼리 한 국가의 국민이 되는 일도 생겨났다. 유럽 강대국들은 자기 입맛에 맞는 한 부족에게 권력을 주고, 뒤에서 조종함으로써 부족 간에 증오와 미움을 키웠다. 수단을 지배했던 영국도 그랬다.

19세기 들어 남수단 공화국 지역에 살던 흑인들은 서양과 손잡은 북부 수단의 노예 사냥꾼들의 먹잇감이 되었다. 북부의 아랍계 무슬림들은 여전히 남부 수단 흑인들을 차별하였다. 그러다가 20세기 중반, 영국으로부터 독립을 했지만 달라도 너무 다른 북수단과 남수단은 함께 살기를 거부하고 바로 전쟁을 벌였다. 긴 전쟁 끝에 1970년대 들어 남수단 지역에 '남부 수단 자치 지역'이 만들어졌다. 하지만 남수단에 대한 차별은 여전했고, 남부와 서부에 있는 석유 자원으로 얻어진 이익은 북수단으로 가져갔다. 결국 1983년 '2차 수단 내전'이 일어났고, 이 싸움은 2005년이 되어서야 평화 협정 체결로 마무리됐다. 당시 '평화 협정'은 현존하는 가장 오래된 내전의 타결로 불렸다.

수단은 두 차례의 내전을 거치며 무려 250만 명의 사망자를 냈다. 그중 가장 잔인한 학살이 2003년에 벌어진 다르푸르 사태다. 수단 서부 다르푸르에서 '잔자위드'라는 수단 정부의 지원을 받던 무장 단체가 저항하는 주민들을 살인, 강간, 방화 등으로 20여 만 명 이상을 죽였다.

오늘날에도 남수단 공화국은 여전히 혼란스럽고, 북수단과 남수단 간 갈등도 지속되고 있다. 그리고 이 갈등은 길고도 잔인할 것으로 예상하고 있다. 민족적, 문화적으로도 이질적이지만 석유 자원을 확보하기 위한 밥그릇 싸움이 더 크기 때문이다. 과거 수단은 아프리카의 대표적인 산유국이었지만 이제는 아니다. 유전의 80%가 남수단 공화국에 몰려 있다. 그런데 그 유전이 수출

남수단 공화국 국립 공원 남수단 공화국은 대부분 푸르른 사바나의 열대 기후다. 남수단 공화국 내 반딩길로 국립 공원은 세계에서 두 번째로 큰 야생 동물 지역이고, 에티오피아와 가까운 보마 국립 공원, 콩고 민주 공화국과 가까운 수드 습지 지역도 야생 동물의 천국으로 유명하다.

이 되려면 송유관과 정유 시설, 수출항이 있어야 하는데 그런 것은 대부분 북수단에 있다. 그래서 남수단 공화국은 북수단과 분리하면서 석유 수출로 번 돈을 반반씩 나눠 갖기로 했다. 그러나 유전 대부분을 가진 남수단 공화국 국민들은 탐탁지 않아 했고, 자신들 지분을 늘려야 한다고 주장했다.

현재 남수단 공화국은 오랜 내전으로 주민들의 삶이 황폐화되어 있다. 전체 인구의 90%가 하루 1,000원도 안 되는 돈으로 살고 있다. 부족 간 무력 충돌도 자주 발생해서 치안도 불안하다. 1년이면 수천 명이 폭력 사태로 사망하고 있다. 이런 문제를 해결하기 위해서는 평화가 자리를 잡아야 하는데, 그날이 올지 모르겠다.

예루살렘은 누구의 수도일까?

2018년 5월, 미국 정부가 이스라엘 텔아비브에 있던 대사관을 예루살렘으로 옮겼다. 이에 수만 명의 팔레스타인 시위대는 격렬하게 반대하며 돌을 던졌고, 이스라엘군은 가차 없이 총을 쐈다. 50여 명이 숨지고 2,000여 명이 다치는 최악의 유혈 사태가 발생한 것이다.

이스라엘군의 실탄 사용에 국제 사회가 비난했지만 미 백악관은 정당 방어라며 이스라엘을 두둔했다. 이에 하마스(팔레스타인의 대표적인 무장 단체)가 피로 보복하겠다고 밝혀 갈등이 더욱 커지고 있다.

예루살렘은 누구의 도시일까? 국제 사회에는 '예루살렘의 지위는 협정으로 정한다'는 합의가 있다. 과거 국제 연합(UN)이 팔레스타인 지역을 이스라엘과 팔레스타인 자치 지구로 분할했을 때, 예루살렘은 중립 지역이었다. 그런데 이스라엘이 전쟁을 통해 1948년에는 서예루살렘을, 1967년에는 동예루살렘까지 점령하였다. 그리고 국회 의사당과 대법원 등 주요 정부 기관을 이전하였다. 이는 예루살렘이 이스라엘의 수도라는 선포였다. 하지만 유럽의 나라들조차도 이를 부정하며 자국의 대사관을 예루살렘이 아니라 텔아비브에 두고 있다.

이스라엘을 중심으로 지중해의 동쪽 해안가 지역은 팔레스타인으로 불린다. 이 땅은 3000년 전 유대 왕국이 건설된 곳이지만 그 후 오랜 시간 동안 아랍인이 살아온 땅이다. 정확히 1948년

이스라엘이 생기기 전까지 이슬람교를 믿는 아랍인이 주인이었다. 그런데 1차 세계 대전 중 영국이 이중 약속을 했다. '유대인에게는 유대 국가를, 아랍인에게는 아랍 국가를 세워 줄게'라고 한 것이다. 그 약속을 믿고 유럽에 흩어져 살던 유대인은 팔레스타인 지역으로 대거 이주를 했고, 그때부터 유대인과 아랍인의 싸움이 본격적으로 시작되었다. 1947년, 어떻게 싸움을 말릴까 고민하던 유엔은 팔레스타인을 유대 지역과 아랍 지역으로 나누었다. 미국과 영국의 입김이 작용한 결과였고, 아랍인들은 이를 반대하며 강하게 저항하였으나 이스라엘은 이듬해 나라를 세웠다.

"팔레스타인은 아랍인이 살아온 땅"

가끔 TV에서 본 예루살렘은 메마르고 척박한 땅으로 느껴진다. 그런데 그곳은 유대교, 크리스트교, 이슬람교의 성지다. 이 도시에는 4000년의 복잡한 인간 역사가 숨 쉬고 있다. 그래서 이슬람교의 사원인 모스크도 있고, 유대교의 최고 성지인 통곡의 벽도, 크리스트교의 성지인 골고다 언덕도 있다. 특히 예루살렘은 예수가 태어나 고통받으며 하느님의 뜻을 세상에 전한 땅이자, 이슬람교 창시자인 마호메트의 신비한 야간 여행의 목적지이기도 하다. 무슬림이 말하는 알라가 사실은 하느님이다. 팔레스타인 지역에서 유대교, 크리스트교, 이슬람교를 믿는 사람이라면 예루살렘은 자신의 땅이라고 믿기 때문에 역설적으로 그 누구도 이 땅의 주인이기 어렵다. 게다가 국제법은 전쟁으로 빼앗은 영토를 인정하지 않기로 2차 세계 대전 이후 합의했다. 이는 주권 국가 체제를 유지하기 위함이었다. 따라서 전쟁으로 점령한 이스라엘의 소유권을 인정하기는 어렵다.

트럼프 대통령은 예루살렘을 이스라엘의 수도로 인정한 것과 관련해 "많은 대통령이 대선 기간에는 약속해 놓고 실제로는 하지 못했던 일을 나는 해냈다"며 자랑했다. 그런데 이렇게 생각해 보자. 그동안 많은 대통령이 하지 못했다면 분명 타당한 이유가 있을 것이다. 그건 예루살렘은 이스라엘만의 것이 아니기 때문이다. 예루살렘은 '이루 슐라임(평화의 도시)'이라는 말에서 온 이름이다. 그 이름에 어울리는 민족이 그 땅의 주인이 되기를 바란다.

23

카슈미르 분쟁은 언제 끝날까?

2018년 4월, 인도군과 경찰이 잠무 카슈미르 남부 지역에서 분리주의 무장 단체를 소탕하는 작전을 전개했다. 이 과정에서 지역 주민들은 분리주의 무장 단체 편에 서서 경찰과 군인들에게 돌을 던지는 일이 벌어졌다. 이에 경찰과 군인들이 산탄총으로 대응하면서 20명이 숨지고 50여 명이 다쳤다.

잠무 카슈미르주는 힌두교 국가 인도의 29개 주 중 유일하게 무슬림이 절반을 넘는 지역이다. 10여 개 무장 단체들이 1989년부터 인도 정부를 상대로 카슈미르의 분리 독립이나 파키스탄으로 편입을 주장하며 무장 투쟁을 하고 있다. 그리고 투쟁 과정에서 지금까지 무려 7만여 명이 사망했다.

카슈미르는 지리적으로 히말라야산맥의 산록 지역에 위치하며, 인도 북부와 파키스탄, 아프가니스탄, 중국에 접한 곳이다. 인도와 파키스탄은 무굴 제국(16~19세기) 당시 하나의 나라였다. 그러나 영국의 식민지로 있다가 1947년 독립하면서 종교가 다르다는 이유로 두 개의 나라로 나뉘었다. 이슬람교를 주로 믿는 파키스탄 사람들과 힌두교를 주로 믿는 인도 사람들은 한 지붕 아래에서 살 수가 없었던 것이다. 인도의 아버지로 불리는 간디는 당시 하나의 인도를 주장했지만 역부족이었다.

그런데 이 과정에서 카슈미르는 좀 독특한 상황에 놓이게 되었다. 인도와 파키스탄이 분리 독립하면서 카슈미르를 놓고 누구 땅으로 할지 문제가 된 것이다. 카슈미르는 주민 80%가 이슬람교를 믿고 있었기에 파키스탄에 편입하면 조용히 끝날 수도 있는 일이었다. 그런데 카슈미르 번왕국 국왕은 카슈미르를 인도에 넘겨버린다. 그는 힌두교 신자였다. 그러니 이슬람교를 믿는 주민들이 이에 반대하며 폭동을 일으켰고, 인도 정부는 군대를 풀어 진압에 나섰다. 그러자 이번에는 파키스탄이 군대를 풀어 카슈미르에 보냈고, 이것이 1차 인도-파키스탄 전쟁이 되었다.

1949년, 유엔은 일단 휴전하고, 주민들 투표로 카슈미르 귀속 문제를 결정하도록 권했다. 하지만 주민 투표를 한다면 파키스탄 땅이 될 것이 확실했기 때문에 인도는 강하게 반대했다. 결국 유엔의 중재로 약 1,300킬로미터의 임시 경계선인 카슈미르 통제선을 긋고, 인도에 속한 카슈미르는 잠무 카슈미르, 파키스탄에 속한 카슈미르는 아자드 카슈미르로 나눴다. 하지만 이후에도 갈등은 지속되었다. 그러다가 1962년 인도와 중국 간 전쟁이 발발했고, 중국이 승리함으로써 카슈미르의 일부가 중국 땅이 되면서 문제는 더욱 복잡하게 되었다.

카슈미르의 면적은 한반도 면적과 거의 같은 약 22만 제곱킬로미터이고, 인구는 약 500여만 명 정도다. 카슈미르는 '행복의 계곡', '지상의 낙원'으로 불릴 만큼 히말라야 산자락에서 아름다운 풍경을 가진 뛰어난 관광지이다. 과거 무굴 제국 왕들의 여름 궁전이 이곳저곳에 산재해 있는 것만 봐도 알 수 있다. 또 카슈미르는 캐시미어라는 의류로도 유명하다. 캐시미어는 산에 사는 산양에서 얻는 양털로 짠 천으로, 손을 대 보면 정말 부드럽다. 요즘은 인공적으로 만든 비슷한 직물도 캐시미어라고 팔리지만 진짜 캐시미어는 카슈미르 산양에서 얻은 털로 만든 것을 말한다. 그 이름도 카슈미르에서 온 것이다.

"가장 잔인한 전쟁은 종교 전쟁"

세상에는 여러 이유로 전쟁이 발발한다. 그중 가장 잔인한 전쟁은 성전이라고 한다. 바로 종교 전쟁이다. 하느님의 뜻으로, 알라의 뜻으로 싸우는 전사들은 죽음을 두려워하지 않는 것 같다. 지금도 인도에서는 카슈미르 독립을 위한 이슬람 무장 세력들이 활동하고 있다. 인도는 이들의 뒤를 파키스탄이 지원하고 있다고 의심한다. 물론 파키스탄은 절대 아니라고 한다. 그런 가운데 카슈미르 분리를 희망하는 무장 세력들은 인도에 대한 테러 수위를 높여 자신들이 정당하다는 것을 세상에 알리고, 임시 경계선인 카슈미르 통제선이 영구적으로 고착되는 것을 막으려고 한다. 카슈미르를 둘러싼 인도와 파키스탄의 70여 년 분쟁 역사는 언제 끝이 날지 모를 일이다.

로힝야족은 고향으로 돌아갈 수 있을까?

미얀마 서쪽 해안에는 로힝야로 불리는 소수 민족이 있다. 그들은 자신들이 오래전부터 이곳에 살고 있었다고 주장하지만 미얀마 정부는 그들을 불법 이민자라며 인정하지 않는다. 지난 수십 년간 수많은 로힝야족 사람들이 학살당해 왔다.

미얀마 정부는 지금까지도 로힝야족 학살 주장을 외면하고 있다. 그러나 그것은 손바닥으로 하늘을 가리는 것, 이미 목숨을 건지기 위해 국경을 넘어 방글라데시, 인도네시아, 타이 등으로 도망 나온 수십만 명의 로힝야족 난민들이 그 증거다. 미얀마 정부군은 로힝야족 마을에 들어가 살인, 강간, 강도질을 일삼았다. 그리고 이를 감독해야 할 미얀마 정부는 누구에게도 그 책임을 묻지 않고 있다.

로힝야 사태의 뿌리에는 영국이 있다. 1824년 영국과 미얀마 간 전쟁으로 영국은 미얀마 일부 지역을 점령하여 버마라는 식민지를 세웠다. 그리고 1885년에는 미얀마 전 지역을 식민지로 선포하였다. 영국은 미얀마를 쌀의 공급지로 이용하려고 했지만 미얀마 사람들은 강하게 저항했다. 영국은 여우처럼 교활했다. 바로 옆에 있는 방글라데시(당시 인도)에서 로힝야족을 미얀마로 이주시켰다. 미얀마로 들어온 로힝야족은 전국으로 퍼져 나갔고, 특히 서쪽 해안의 라카인주에 많이 거주했다. 그곳은 방글라데시와 가까운 곳이기도 했다. 영국은 벼농사를 해 본 적이 없으니 쌀 재배에 능한 로힝야족을 이용한 것이다.

영국은 미얀마로 온 로힝야족에게 미얀마인들의 땅을 빼앗아 주고, 준지배층으로 등용해서 미얀마 지배에 이용했다. 마치 일제 강점기 때 일본이 민족을 배신한 친일파를 이용했던 것과 유사하다. 완장을 찬 로힝야족은 영국을 등에 업고, 미얀마인들을 탄압했으며 강하게 저항하는 약 25,000명의 미얀마인들을 학살하는 일까지도 서슴지 않았다. 이로써 미얀마인들에게 로힝야족은 영국과 함께 공공의 적이 되었다. 아니 영국보다 더 미운 적이 되었다. 미얀마인들은 아마도 복수의 칼을 갈았을 거다. 1948년 미얀마가 독립할 때까지 영국은 이처럼 자신들의 이익을 위해 지역민들을 분열시키며 착취했다.

로힝야 사태의 뿌리에는 영국이 있다

그런데 양지가 음지 되고, 음지가 양지 된다는 말이 있듯이 1948년 영국의 지배가 끝났다. 이렇게 되자 전체 인구의 약 70%를 차지하는 버마족이 미얀마를 지배하게 되었다. 이제 로힝야족은 갈등의 대상이자 더 나아가 탄압의 대상이 되었다. 로힝야족은 자신들의 조상이 8세기부터 미얀마 서쪽 해안 라카인주에 살아왔다고 주장한다. 그러나 미얀마의 다른 부족들은 로힝야족이 영국 식민지 시절에 영국인들에 의해 방글라데시(당시 인도)의 벵골 지역에서 온 불법 이민자일 뿐이라고 말한다. 그래서 국민의 약 90%가 불교를 믿는 미얀마에서 이슬람교를 믿는 이들을 '벵갈리'로 부르며 눈치를 줬다.

1960년대 쿠데타로 정권을 잡은 군사 정권이 들어서면서 로힝야족에 대한 탄압이 본격적으로 시작되었다. 당시 군사 정권은 영국 지배 전인 1823년 이전에 미얀마에 살았다는 것을 증명할 수 있는 민족만 미얀마의 소수 민족으로 인정한다고 법을 정했다. 그리고 로힝야족을 강제로 추방하기 시작했다. 그 결과 미얀마에 살고 있던 약 130만 명의 로힝야족 중 약 70만 명의 사람들이 다른 나라로 쫓겨나 난민으로 살아가고 있다. 그런데 방글라데시조차 이들을 자국민으로 받아들일 여유가 없다며 손사래를 친다. 방글라데시도 지독히 가난한 나라이다 보니 여유가 없을 것이다.

로힝야 난민의 삶은 처참하다. 난민 캠프엔 악취가 진동하고, 난민은 그곳에서 경제 활동이 금지돼 있기 때문에 보급품에만 의존해 살아야 한다. 19세기 말 영국 앞잡이를 하며 미얀마인들을 탄압했던 로힝야족 사람들은 이미 세상을 떠났다. 그 후손들이 조상들의 죄에 대한 벌을 받고 있는 셈이니 참으로 안타까운 일이다. 노벨 평화상까지 받았던 미얀마의 지도자인 아웅산 수지가 이 일을 외면하는 것도 오래된 역사 때문이다. 그래서 어떤 사람들은 이런 상황이 납득이 간다고도 한다. 하지만 아웅산 수지는 세계 인권 단체로부터 지탄을 받고 있고, 노벨 평화상도 이미 취소되었다.

예수나 부처와 같은 성인들은 복수는 또 다른 복수를 불러올 뿐이라고 가르쳤다. 다시 100년이라는 시간이 흐른 뒤 또 어떤 세상에서 우리는 살게 될지 모른다. 복수의 칼을 버려야 한다. 쉽지 않지만 길게 보면 분명 그것이 자신의 안전을 지키는 일이기도 하다.

불교 국가인 미얀마에서 로힝야족 마을은 매우 낯선 풍경을 가지고 있다. 이슬람 사원인 모스크와 종교 학교들이 가는 곳마다 들어서 있고, 여성들은 히잡이나 차도르를 두르며, 사람들은 매일 메카를 향해 기도를 한다. 1960년대 이후 로힝야족의 많은 마을들이 파괴되고 불태워졌다. 하지만 로힝야족들은 이렇게 망가진 곳이라도 자신들의 고향으로 돌아가기를 바란다. 과연 그들은 고향으로 돌아갈 수 있을까?

25

석유는 모두에게 황금일까?

오늘날 석유는 만물상, 만병통치약이다. 자동차나 비행기 연료 외에도 석유가 들어가지 않는 물건이 거의 없을 정도니까. 그래서 석유는 매우 비싼 자원, 황금 같은 존재다. 그런데 누군가에게는 이 검은 황금이 사약이다.

쿠르드족은 인구가 3000만 명이 넘는 세계 최대의 소수 민족이다. 쿠르드족은 아랍인이 아니라 유럽계 인종이고, 언어도 아랍어가 아닌 인도·유럽 어족의 쿠르드어를 쓴다. 세계에는 인구 1000만 명이 안 되는 나라가 수두룩한데 쿠르드족은 엄청난 인구를 가지고도 국가가 없어서 소수 민족으로 불린다.

사실 1차 세계 대전 직후 쿠르드족은 세브르 조약(1920년)을 통해 영국을 중심으로 한 연합국으로부터 독립 국가 건설을 약속 받았다. 그러나 모술과 키르쿠크 지역 등 쿠르드족이 사는 땅에서 대규모 유전이 발견되면서 영국은 약속을 저버렸다. 만약 그곳에서 석유가 발견되지 않았다면 강대국의 식탁에 오르지 않았을 것이고, 지금은 쿠르디스탄이라는 나라로 올림픽도 나오고 월드컵에도 나왔을 것이다.

오늘날 쿠르드족은 남의 집에 얹혀사는 신세인데, 터키(1470만 명)에 거의 절반이 살고 나머지는 이란(810만 명), 이라크(550만 명), 시리아(170만 명) 등에 살고 있다. '쿠르드에게는 친구가 없고 산만 있다'는 속담이 있을 정도로 이들의 남의집살이 설움은 크다. 탄압과 학살까지 이루어졌으니 설움이라는 표현으로는 부족한 듯하다.

쿠르드족은 자신들의 땅을 쿠르디스탄이라고 부르는데, 이란만이 코르데스탄이라는 이름으로 인정할 뿐 터키, 이라크, 시리아는 인정하지 않는다. 쿠르디스탄은 자그로스산맥 지역을 포함하는 산악 지역으로 여러 하천이 시작되는 물이 풍부한 곳이다. 이라크, 이란, 시리아는 건조한 땅이 많은 나라로 물은 석유 이상으로 중요한 자원이다.

그리고 쿠르디스탄은 신생대 제3기층이 발달한 곳으로 석유가 풍부한 곳이다. 석유는 과거 동물이 죽어 탄화된 지하자원으로 신생대 제3기층에서 주로 발견된다. 우리나라에서 석유가 나오지 않는 것은 우리나라에 신생대 제3기층이 거의 분포하지 않기 때문이다.

2015년 이라크에 살던 쿠르드족은 자치 지역 3개 주와 키르쿠크 등 쿠르드족이 많이 사는 지역에서 쿠르드 분리 독립을 묻는 투표를 실시했다. 결과는 93%가 적극 지지하여 독립의 꿈을 이루는 듯했다.

하지만 그 뒤 20여 일 만에 대규모의 이라크 정부군이 키르

아픈 역사의 상징, 쿠르디스탄 이라크 정부는 1970년대부터 쿠르디스탄에서 쿠르드족을 몰아내려고 잔혹하게 탄압하였다. 특히 독재자 사담 후세인 정권이 지도에서 지워 버린 쿠르드 마을은 전체의 1/4이나 됐고, 화학 무기를 이용해 다수의 쿠르드족을 학살하였다.

쿠크로 진입해서 쿠르드 자치 정부군을 몰아냈다. 불과 얼마 전만 해도 IS(이슬람국가)와 싸우기 위해 힘을 합쳤던 어제의 동지가 오늘의 적이 된 것이다. 쿠르드족이 느낀 배신감은 참으로 컸다. 하지만 역사 속에서 이런 일은 자주 반복되었다.

이라크는 세계 5위의 석유 보유국으로 약 1,500억 배럴의 석유가 매장돼 있는 것으로 추정된다. 미국 에너지 정보처에 따르면 쿠르드족이 사는 곳이 이라크 석유 전체 매장량의 60%를 차

지하며, 키르쿠크만도 20%를 차지한다고 한다. 쿠르드족이 사는 땅은 이라크 입장에서는 절대 포기할 수 없는 땅이다. 그렇기 때문에 '검은 황금'은 쿠르드족에게는 사약인 것이다

26

난사 군도라고 불러도 될까?

우리나라에서 남쪽으로 쭉 내려가면 중국 남쪽 바다가 나타난다. 거기에는 여러 섬의 무리(군도)가 있는데, 그중 한 무리를 난사 군도라고 한다. 하지만 이 글을 베트남이나 필리핀 사람들이 본다면 아마 화를 낼 것이다. 그들은 다른 이름으로 난사 군도를 부르기 때문이다.

2018년 3월, 베트남 정부는 호찌민 한국 국제 학교에서 쓰는 세계 지리 교과서 270권을 모두 걷어 갔다. 그리고 책에서 남중국해 분쟁을 그린 페이지 1쪽을 오려 낸 후 돌려줬다. 오려진 페이지에는 남중국해의 중국명 난사 군도(베트남명 쯔엉사 군도, 필리핀명 칼라얀 군도, 말레이시아명 스프래틀리 군도)가 중국식 지명으로만 표기되어 있다. 이런 일은 하노이 한국 국제 학교에서도 벌어졌다. 베트남 정부는 지리 교과서뿐 아니라 지리부도까지도 철저히 검열하였다.

이에 호찌민 한국 국제 학교와 하노이 한국 국제 학교는 2016년부터는 아예 지리부도를 반입하지 않았다. 정부의 간섭으로 다른 교과서들도 반입하는 데 오랜 시간이 걸렸기 때문이다. 지금은 과거에 썼던 선배들의 책을 물려 쓰거나 복사해서 쓰고 있다. 호찌민 한국 국제 학교는 2019년부터는 아예 세계 지리 교과서를 쓰지 않을까 고민 중이다. 베트남 정부가 중국과 영유권 분쟁을 벌이는 남중국해 문제에 대해서는 단호한 입장이기 때문이다.

현재 중국은 남중국해 주변을 따라 U자 형태로 9개 선(구단

선)을 그어 전체의 90%가 중국 바다라고 주장하며, 그중 일부의 섬은 군사 기지로 바꾸고 있다. 이에 베트남이나 필리핀은 강력히 항의하였고, 미국과 일본이 동남아시아 국가들의 편을 들면서 미국과 중국 간 갈등으로 비화하고 있다.

중국 남쪽의 바다를 남중국해라고 부르고, 그곳에 있는 여러 섬들을 합쳐서 난하이 제도라고 부른다. 난하이는 '남해'라는 우리말을 중국어로 발음한 것이다. 난하이 제도에는 4개의 군도(난사, 중사, 시사, 동사)가 있는데 그중 남쪽에 있는 섬의 무리를 난사 군도라고 한다.

중국은 아주 오래전부터 중국인들이 난사 군도에서 어업 활동을 했다고 주장한다. 실제 2000여 년 전인 진나라 때 난사 군도까지 갔다는 기록이 있으며, 그 후에도 유사한 기록이 나타나고 있다. 특히 송나라 때는 육지 무역로인 비단길을 유목 민족들이 장악하여 이용할 수 없게 되자 남중국해를 통한 바닷길을 통해 이슬람 상인들과 활발히 교류하였다. 중국의 발명품인 나침반이 널리 쓰이게 된 것도 이때며, 이를 반영하듯 남중국해에서는 옛날에 침몰했던 중국의 상선들이 발견되고 있다.

하지만 주변 국가들은 자국의 국민들 역시 오래전부터 이곳에서 어업 활동을 했다고 주장하고 있다. 아마 그 또한 사실일 것이다. 옛날에는 국경선이 없거나 분명하지 않았으니 주인 없는 섬이라면 누구나 이용했을 법하다.

난사 군도는 1939년까지 프랑스가, 2차 세계 대전 때는 일본이, 세계 대전이 끝난 이후에는 중국이 영유권을 주장하였다. 난사 군도가 뜨거운 화약고가 된 것은 1970년대 이후다. 1970년대부터 필리핀, 베트남 등도 서로 자기 바다와 섬이라며 주장하기 시작하였고, 1974년 중국과 베트남 간에는 무력 충돌도 있었다. 지금은 말레이시아, 인도네시아, 브루나이까지 합세해서 서로의 영유권을 주장하고 있다. 현재는 난사 군도에서 베트남이 27개, 중국은 9개, 필리핀은 7개 등 여러 나라가 1개 이상의 섬을 실질적으로 지배하고 있다.

"난사 군도가 아니라 쯔엉사 군도라고?"

그럼 각국들은 왜 이렇게 남중국해에 매달리는 것일까? 사실 어느 나라나 영토나 영해에 대한 욕심은 거의 본능이다. 물러서는 일이 없다는 말이다. 게다가 교통로와 자원의 가치까지 큰 난사 군도 같은 경우는 더할 수밖에 없다. 남중국해는 세계 물동량의 50% 이상이 지나는 바닷길이다. 이곳을 지나야 인도양으로 갈 수 있고, 남부아시아, 아프리카, 유럽으로 갈 수 있다. 또 이곳을 지나야 인구 20억 이상이 살고 있는 한국, 중국, 일본, 동남아시아 등으로 갈 수도 있다. 교통의 요지는 군사적으로도 당연히 요충지가

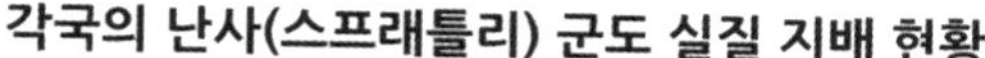

각국의 난사(스프래틀리) 군도 실질 지배 현황

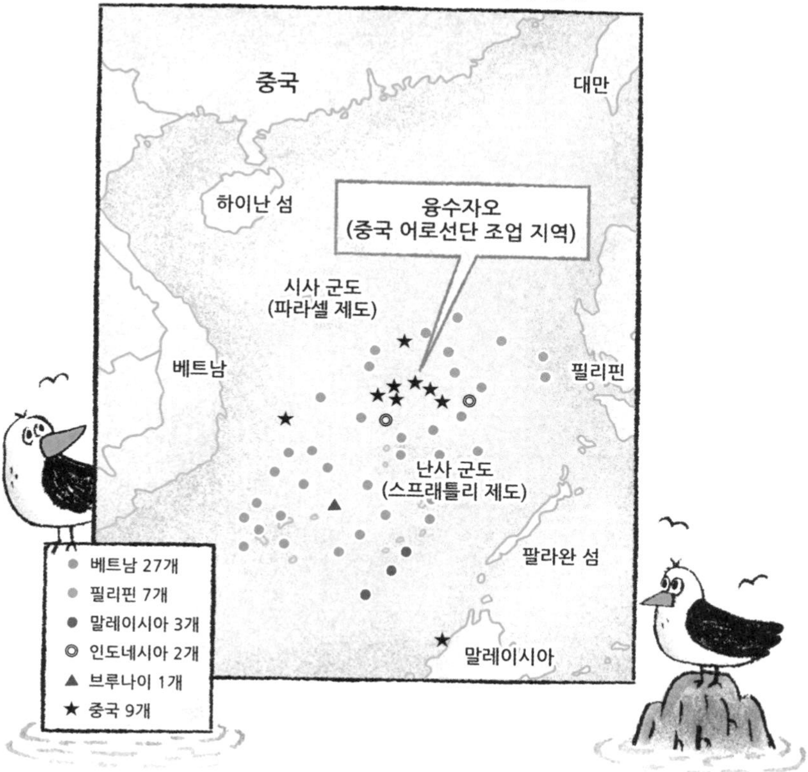

된다. 만약 전쟁이 발발한다면 이런 요충지를 군사 기지로 쓸 수 있는 나라는 전쟁에 임하기가 훨씬 유리하다.

난사 군도는 자원의 보물 창고다. 현재 77억 배럴의 석유가 발견되었으며, 예상 매장량은 280억 배럴로 우리나라의 약 40년간 소비량에 해당된다. 게다가 난류성 어족이 풍부하여 어민들에게는 난사 군도와 그 주변 바다가 삶의 터전이다.

호찌민 한국 국제 학교의 한 학부모는 베트남 정부가 한국의 교육권을 너무 침해한다고 말한다. 하지만 그건 역지사지하여 생각해 볼 문제다. 독도를 일본의 억지 주장대로 다케시마(竹島)라고 표기한 책을 우리나라의 외국인 학교에서 가르치고 있다면 우리 정부는 가만있을까 하는 생각을 해 보게 된다.

5장

한국인이라면 이 정도는 알아야지

27

나는 어디에서 왔을까?

나는 황인종이고 짱구이며, 머리카락과 눈동자는 까맣다. 이런 나의 몸에는 아주 많은 사람들이 남긴 유전자가 존재한다. 나는 아버지를 닮았고, 아버지는 할머니를 닮았고, 할머니는 증조할아버지를 닮았다고 한다. 그럼, 증조할아버지는 누구를 닮았을까? 이런 식으로 위로, 위로 올라가면 나의 최초의 조상은 누구일까?

20만 년 전 아프리카에 멸종 위기를 넘긴 서로 사랑하는 사이인 남녀가 있었다, 그들은 훗날 호모 사피엔스(현명한 인간)로 불리게 되는 사람들로, 오늘날 인간들의 최초 조상으로 여겨진다. 바로 내가 그토록 찾고 싶었던 나의 부모의, 부모의…, 부모는 아프리카에 살았던 그 한 쌍의 연인이었다. 그들은 자식을 낳았고, 자식들은 또 자식을 낳았다. 이렇게 수가 늘어나자 더 넓은 생활터전이 필요하게 되었다. 새로운 땅을 찾아 떠나는 사람들이 생겨났고, 처음에 아프리카 동남부에 살던 사람들은 아프리카의 서부, 북부, 중부 등으로 흩어졌다. 그들은 그곳에서 낯선 기후에 적응하며 서로 다른 외모를 가진 인간으로 진화해 갔다. 당시의 아프리카는 생각보다 살 만한 대륙이었던 것 같다. 무려 14만 년이라는 긴 시간 동안 인간들이 아프리카 대륙에서만 살았으니.

6만 년 전 아프리카 인구 중 일부가 다른 대륙으로 이동하기 시작하였다. 그 이유는 명확하지 않다. 북쪽으로 가면 유럽 대륙이, 동쪽으로 가면 세계 최대의 대륙 아시아가 있었다. 그들은 생존이 가능한 땅을 찾아 걸었다. 유럽으로 간 사람들은 추운 곳에서 적응하면서 덩치는 더 커지고, 멜라닌 색소가 적은 백인으로 진화하였다. 반면, 동쪽으로 간 사람들은 따뜻한 인도와 동남아시아 등에 정착했다. 이 중 동남아시아로 간 사람들은 긴 시간 동안 그곳에서 살면서 황인종으로 진화하였다. 그리고 시간이 흐른 후 동남아시아에 살던 사람들이 북쪽으로 이동을 해서 시베리아와 중국으로 갔고, 다시 우리 땅 한반도로 들어왔다. 이들이 한반도로 들어온 것은 지금으로부터 2~4만 년 전으로 보인다. 우리 땅으로 들어온 이들은 호모 사피엔스에서 진화한 호모 사피엔스 사피엔스(슬기, 슬기 인간)였다.

최초의 원시 인간이 200~300만 년 전에 아프리카에 있었다고 한다. 그들은 오스트랄로피테쿠스로 불리는 원숭이를 닮은 듯하지만 인간으로 판단되는 인류였다. 그런데 오스트랄로피테쿠스는 왜 나의 조상이 아닐까? 그들은 이미 멸종된 인류이다. 그리고 세월이 흐르면서 호모 하빌리스, 호모 에렉투스 등 과거보다 뇌도 크고, 덩치도 큰 인류가 등장하였다. 호모가 들어가는 인간들은 과거 오스트랄로피테쿠스보다는 지금 인간과 더 가까운 인류다. 하지만 그들도 우리의 직접 조상은 아니다. 그들은 아프리카에 살다 멸종되었거나 유럽과 아시아로 진출하였지만 멸종되었다.

인류는 지독한 기후 변화와 같은 천재지변으로 몇 번의 멸종 위기를 맞이했다. 가장 최근에 인류가 멸종하게 된 사건이 인도네시아에서 터지게 되는데 바로 대화산 폭발이었다고 추측한다.

"눈을 감고, 상상해 봐. 엄청난 양의 마그마와 화산재가 쏟아져 나오고, 화산재는 공중으로 올라가 길게는 몇 년에 걸쳐 하늘을 가려. 지구는 한순간에 빙하 시대를 맞이하게 되고 급격한 기후 변화에 적응하지 못한 많은 생물들이 멸종하게 되는 것을."

이때 지구 곳곳에 흩어져 살던 인류가 멸종하게 되었다고 한다. 하지만 아프리카의 동남부 지역에서는 소수의 인간이 멸종의 위기를 넘기고 살아남았다고 한다. 그 수는 수백 명 정도로 적었을지도 모른다.

"우리는 아주 오래전 가족이었어"

그러면 한반도에는 언제부터 인류가 살았을까? 한반도에는 70만 년 전에 사람들이 살았다고 한다. 1980년 충청북도 단양의 금굴(동굴)에서 당시 사람들이 쓰던 돌도끼와 돌칼 그리고 동물 뼛조각이 나왔다. 이 뉴스는 단번에 우리나라 전역으로 퍼졌고, 해외 토픽이 되어 전 세계로 나갔다. 이제 한반도는 아주 오래된 구석기 문화를 가진 땅이 된 것이다. 그런데 이 뉴스를 들으며 왜 올림픽에서 금메달을 딴 것 같은 기분이 들까? 하지만 그들은 나의 조상이 아니다. 그들은 나와 유전자가 다른 멸종된 인류다.

인류의 시작을 정확히 말할 수는 없다. 지금도 여러 개의 학설이 존재한다. 지금까지 내가 한 말은 황당한 것 같지만 여러 학설 중 지구인의 유전자를 분석한 결과 나온 추론이다. 이대로라면 지구상의 모든 인간의 최초 부모는 아프리카에 있었던 얼굴도 모르는 연인들이었다. 조상은 나의 뿌리인데, 그 뿌리가 어디서 온 누구인지 알게 되니까 어때? 신기하지? 내 몸에 아프리카, 동남아시아, 시베리아 등에서 산 사람들의 유전자가 있다는 것이. 이 사실을 알고 난 후, 집 밖에서 외국인을 본다면 전혀 남 같다는 생각이 들지는 않을 거다. 외국인을 만나거든 친절하게 대해 줘. 우리는 아주 오래전 가족이었으니까.

28

한반도는 호랑이일까, 토끼일까?

토끼와 호랑이 중 어느 것이 우리 국토의 이미지면 좋을까? 이 질문에 한국과 일본 사이의 검은 역사가 없었다면 사람들의 대답은 나눠질 것이다. 어떤 사람은 호랑이처럼 용맹했으면 좋겠다고 하고, 또 어떤 사람은 토끼처럼 귀엽고 빨랐으면 좋겠다고 할 수 있다. 하지만 현실에서 대부분의 우리나라 사람은 토끼이기를 거부한다.

이런 마음은 지명에도 반영되었다. 포항에 있는 호미곶은 한반도 동쪽 땅끝 마을이다. 호미곶의 원래 지명은 장기곶이었는데 경상북도 지명 위원회가 호미곶으로 변경할 것을 요구해 2001년에 국립 지리원에서 변경하였다. 이에 따라 포항시도 2010년 조례를 통해 대보면에서 호미곶면으로 변경했다.

호미는 호랑이 꼬리라는 말을 한자로 표기한 것이고, 곶은 바다 쪽으로 길게 내민 부리 모양의 육지를 뜻한다. 조선 시대 지도인 대동여지도에는 호미곶이 '달배곶'으로 되어 있었으나 일제 강점기 때 일본이 장기갑으로 바꾸고 토끼 꼬리로 낮춰 불렀다. 한반도가 토끼를 닮았다는 말은 일제가 퍼뜨렸다. 1905년 일본의 지리학자 고토 분지로는 한국의 산맥 체계를 교과서에 실으면서 조선은 약한 나라, 조선인은 나약한 민족으로 깎아내리려고 한반도를 토끼라는 약한 동물에 비유했다. 이에 맞서 육당 최남선은 한반도는 연해주를 향해 발톱을 세운 채 포효하는 위풍당당한 호랑이라고 했다.

우리 국토를 호랑이로 처음 본 사람은 조선 명종 때 풍수 지리학자인 남사고다. 그는 『산수비경』이라는 책에서 한반도를 앞발을 치켜든 호랑이 형상에 비유해, 백두산은 호랑이 코, 동쪽 끝인 호미곶은 꼬리 부분으로 천하의 명당이라고 했다. 꼬리 부분이 명당인 것은 호랑이는 꼬리를 중심 삼아 달리며 꼬리로 무리를 지휘하기 때문이라고 한다.

우리 민족이 나약한 토끼와 같다고?

1876년 강화도 조약 이후 일본의 간섭이 도를 넘었고, 국모를 살해하는 등 한민족의 자존심에 큰 상처를 냈다. 1910년 국권

강탈 후에는 더 노골적으로 우리 국토와 우리 민족의 정신을 훼손하였다.

우리는 본래 백두산에서 지리산까지 산줄기로 이어지는 백두 대간을 중심으로 하는 산줄기 체계를 따랐다. 그런데 일본 학자 고토 분지로가 우리 산줄기를 산맥으로 표현하며 하나하나 다 끊어 놓았다. 그래서 교과서를 보면 우리의 산맥은 모두 각각 끊어져 있다. 산줄기와 산맥이 같은 뜻은 아니지만 많은 사람들이 산맥 체계라는 그림을 보면서 우리나라의 산줄기가 모두 끊어져 있다고 알고 있을 것이다.

일본은 우리 산줄기만 끊어 놓은 게 아니라 실제로 국토 곳곳을 훼손하였다. 그중 가장 대표적인 것이 우리 민족의 기가 솟아난다는 명당이나 훌륭한 인물이 나올 것이라는 명당자리에 쇠 말

뚝을 박은 일이다. 왕이 머무는 경복궁을 훼손하고 그 앞에 돌로 만든 큰 건물인 조선 총독부를 지어서 왕궁을 가리고, 왕궁인 창경궁을 동물원으로 만들어 창경원이라고 했다. 이렇게 못된 짓거리 중 하나가 바로 우리 국토를 연약한 토끼로 보게 한 것이었다.

그런데 실제 한반도의 모양은 용맹스런 호랑이의 모습은 아닌 것 같다. 아무리 돌려 봐도 그렇게 보이지 않는다. 물론 나약한 토끼도 아니다. 일제 강점기라는 특수한 상황에서 우리 민족의 정체성을 강조하기 위해 호랑이에 비유했으리라 생각한다. 그러나 이제는 우리 역사를 있는 그대로 볼 필요가 있다. 우리 역사는 나약한 토끼의 역사도 아니지만 호랑이처럼 숲 속의 왕인 역사도 아니었다. 우리 역사의 자랑할 점은 자랑하고, 흉은 솔직히 드러내고 이해할 필요가 있다.

29

대구는 왜 대프리카가 되었을까?

아프리카는 대륙 대부분이 뜨겁고 비가 많은 열대 지역과 뜨겁고 비가 거의 없는 건조 지역이다. 그래서 사람들 머릿속 아프리카는 세계에서 가장 더운 대륙이다. 그런데 우리나라 경상도에 아프리카가 있다고 한다.

대프리카는 대구와 아프리카를 합친 이름으로, 대구가 아프리카만큼 덥다는 뜻이다. 이를 반영하듯 대구의 어느 거리에는 달걀 프라이와 로드콘(원뿔형 깔때기)이 녹아 있는 미술 작품이 설치되어 있다. 세계 기상 기구에 따르면 아프리카 주요 도시의 연중 최고 기온보다 대구의 한여름 기온이 더 높다고 한다. 그리고 이를 증명이라도 하듯, 대구의 한 가정집에서 바나나가 열렸고, 어떤 사람은 차 안 온도만으로 달걀을 삶고, 쿠키를 구웠다고 한다.

지도를 보면 우리나라 가장 남쪽에 있는 제주도가 가장 더울 거 같은데 실상은 그렇지 않다. 최근 10년간 35도 이상 오른 날을 봐도 112일로, 대구가 밀양(111일), 합천(95일)을 제치고 1등이다. 상황이 이렇다 보니, 대구시는 폭염에 대비해 다양한 해결책을 내놨다. 도심 속에서 물놀이를 즐길 수 있도록 무료로 야외 물놀이장을 열었고, 시원하게 걸을 수 있도록 도시 안 12곳에 미세 수분을 내뿜는 '쿨링포그'도 설치했다. 그리고 여름이 되면 60도까지 달궈진 아스팔트를 식히기 위해 도로 분리대에 노즐(분출 장치)을 설치해 지하수를 내뿜는 클린로드 시스템을 가동 중이다.

뉴스를 보면 가장 더운 도시가 대구, 합천, 밀양 등 해마다 조금씩 다르다. 그런데 왜 대구를 최고로 쳐줄까? 기후는 어떤 한 해를 가지고 말하는 것이 아니라 30년 통계를 가지고 따진다. 대구는 30년 평균 1위다. 대구는 남쪽에 있는 대도시라서 덥다고 할 수 있는데, 더 남쪽에 있는 대도시 부산은 대구보다 덜 덥다. 대구가 '더움 1위'인 이유는 대구가 있는 그 위치, 그 자리 때문이다.

기온을 결정하는 첫 번째 요소는 위도다. 적도에 가까울수록 더운 경향이 있다. 그런 면에서 대구는 더운 남부 지방에 속한다. 남부 지방은 1월 평균 기온이 −3도 이상인 온대 기후다. "서울은 무슨 기후일까?" "온대 기후요" "땡, 아니다" 중부나 북부 지방은 냉대 기후며 따라서 서울이나 평양은 냉대 기후 도시다.

지리적 위치도 기온에 큰 영향을 주는데, 대구는 내륙에 자리한다. 육지는 바다보다 빠르게 가열되기 때문에 내륙 도시는 비슷

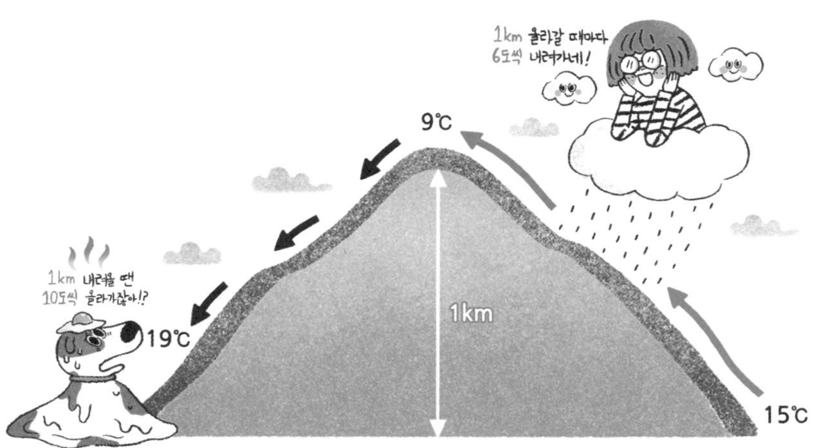

한 위도에 있는 해안 도시에 비해 여름이 덥다. 내륙에 있는 춘천(8월 평균 기온 30도)과 해안에 있는 강릉(8월 평균 기온 24도)을 비교해 보면 금방 알 수 있다. 그래서 여름이면 바닷가로 놀러 가는 거다.

대구가 아프리카만큼 덥다

지형과 바람도 기온에 영향을 준다. 대구는 산이 둘러싸고 있는 분지에 자리한다. 동쪽으로는 태백산맥이, 북쪽과 서쪽으로는 소백산맥이, 남쪽으로는 영남 알프스로 불리는 산들이 있다. 우리나라는 여름이면 남쪽의 북태평양에서 습한 바람(남동풍, 남풍, 남서풍)이 불어온다. 그런데 이 바람이 산을 넘으면 요술을 부린다. 바다를 거쳐 온 바람은 산을 만나면 산을 타고 위로 오르는데 이때 해발 고도가 100미터 높아지면 기온은 0.6도씩 떨어지며 비를 뿌린다. 그리고 산 정상에 도착한 후 반대편 산 아래를 향해 내려가는데 이때 요술을 부린다. 100미터 내려가면 0.6가 상승하는 것이 아니라 1도씩 상승한다. 아까 비를 다 뿌려서 바람이 건조해졌기 때문이다. 이런 요술 현상을 푄 현상이라고 한다.

푄은 유럽의 알프스산맥을 넘어가는 바람으로 알프스산맥의 정상을 넘은 후부터 고온 건조한 바람으로 바뀌어 산에 있는 눈과 빙하를 녹여서 홍수를 내기도 한다. 푄이 만든 현상을 푄 현상이라 하며, 여름에 남쪽에서 산을 넘은 바람이 뜨겁고 건조해져서 대구를 달구기 때문에 대구는 대프리카가 된 것이다.

지리학은 발을 보는 학문이다. 어떤 사람을 제대로 알고 싶다면 그가 어디에 서 있는지, 어디로 걸어가는지를 유심히 보라. 그렇듯 대구가 진짜 더운 이유를 알고 싶다면 대구의 발이 어디를 딛고 서 있는지 보면 알 수 있다. 그것이 바로 대구가 대프리카인 이유다.

30

일본이 독도를 탐내는 이유는?

독도의 총면적은 187,554제곱미터, 서울 면적의 25%에 불과하다. 게다가 평지는 거의 없는 급경사의 섬으로 농사지을 만한 곳도 없다. 하지만 보잘것없어 보이는 작은 섬에 돈으로 환산하기 어려울 만큼 막대한 가치가 있기에 일본이 늘 침을 흘리는 것이다.

지난 2018년 3월, 일본 정부는 고등학교에 지리 총합 교과를 필수 과목으로 지정하고, 독도를 '일본 고유 영토'로 명기하도록 했다. 초등학교와 중학교에 이어 고등학교까지 역사 왜곡을 정부 차원에서 하고 있는 것이다. 우리 정부는 우리의 영토 주권을 훼손하는 행위를 당장 멈추라며 일본 측에 즉각적인 시정을 촉구했다. 하지만 일본 정부는 독도는 명백한 자신들의 고유 영토라고 억지를 부리고 있다.

일본은 독도의 가치를 잘 알고 있다. 서울과학기술대학의 유승훈 교수는 독도와 그 일대의 가치는 광물과 생물 자원, 관광 가치, 군사적 가치까지 합해서 연간 약 12조 5천억 원에 달한다고 밝혔다. 우리나라 1년 예산이 약 440조인 것을 감안하면 대단한 액수다. 특히 울릉도 독도 주변 바다에는 '메탄 하이드레이트'가 6~8억 톤가량 매장되어 있다는데, 이는 국내 가스 소비량의 30년 분량에 해당하는 엄청난 양이다. 많은 사람들은 말한다. 진실을 뻔히 아는 일본이 집요하게 독도를 탐내는 이유는 독도의 엄청난 경제적 가치 때문이라고.

그럼 독도의 경제적 가치를 좀 더 따져 보자. 우선 독도 주변은 황금 어장이다. 동해는 남쪽에서 올라오는 쿠로시오 난류와 북쪽에서 내려오는 리만 한류가 만나는 곳이다. 우리 해안에서는 동한 난류, 북한 한류라고 부른다. 한류와 난류가 교차하는 조경 수역은 대구, 명태, 청어 등 한류성 어족과 오징어, 멸치, 고등어 등 난류성 어족이 풍부한 곳이다. 북태평양 어장처럼 세계적인 어장은 대부분 조경 수역이다. 그리고 청정 바다인 동해의 바닷속 200미터에서 나는 심층수는 의약용과 화장품 원료, 음료 등으로 쓰이는 또 하나의 자원이다.

석유를 대신할 청정 에너지

독도는 바다에서 화산이 폭발해서 만들어진 섬이다. 겉으로 드러난 것은 아주 작은 섬 몇 개이지만 사실 그것은 코끼리의 발톱과 같다. 독도는 북극 바다에 떠 있는 빙산처럼 실제 몸통 대부분을 바다에 두고 있다. 이런 독도의 몸통을 따라 바닷속으로 들어가다 보면 수심 300미터쯤에 메탄 하이드레이트가 묻혀 있다. 메탄 하이드레이트는 바닷속이나 추운 지역의 빙하 밑에서 메탄과 물이 높은 압력과 낮은 온도 때문에 얼음 모양으로 변한 것으로 '불타는 얼음'으로 불린다.

메탄 하이드레이트는 바닷속에 있기 때문에 이를 캐는 데는 많은 돈과 고도의 기술이 필요하다. 캐는 데 엄청난 비용이 들기 때문에 생산량이 적다면 캐지 않을 수도 있다. 배보다 배꼽이 더 클 수 있다는 말이다. 그런데 오늘날 최고의 자원인 석유가 이미 비싼 몸이자 고갈이 임박한 신세이니, 메탄 하이드레이트가 대타로 나서는 것은 시간 문제일 수 있다. 이미 일본은 이 분야에서 세계 최고의 실력자이다.

메탄 하이드레이트는 석유나 석탄보다 연소 시 이산화 탄소를 절반 이하로 방출하는 청정에너지다. 석유가 고갈되는 날, 메탄 하이드레이트의 가치는 천정부지로 오를 것으로 예상하고 있다. 일본이 독도를 자기 땅이라고 우겨서 훗날 공동 개발권이라도 얻게 되면 그들의 목적은 달성되는 것이다. 게다가 천연가스가 나오는 울산 앞바다부터 독도 인근 해역, 일본 서부 연안은 석유가 있을 것으로 예상되는 유전 지대이기도 하다. 메탄가스와 같은 천연가스가 나온다는 것은 석유가 있을지 모른다는 말이기도 하다. 그 이유는 석유가 천연가스와 함께 생산되는 경우가 많기 때문이다. 그러니 일본의 진짜 속내는 자원 확보에 있을 것이라는 전문가들의 주장에 일리가 있다.

31

함경도에는 백두산이 없다고?

이제 조만간 북한 여행을 하게 될 거 같다는 생각이 든다. 그런데 지금 학교에서 쓰는 지리부도에는 양강도나 자강도가 없다. 만약 백두산에 오르려면 어디로 가야 할까? 우리는 함경도에 백두산이 있다고 배웠는데 오늘날 북한의 함경도에는 백두산이 없다.

남한 정부는 그동안 **북한의 행정 구역**을 인정하지 않았다. 그래서 지리부도나 교과서에서 배우는 북한의 행정 구역은 1945년 광복 당시의 것이다. 이처럼 행정 구역이 다른 이유는 북한을 정식 국가로 인정하지 않기 때문이다. 남한의 헌법 제3조에서는 우리의 영토를 한반도와 그 부속 도서로 한다. 한반도는 유라시아 대륙 동쪽에서 태평양을 향해 튀어나온 땅으로 남북한을 합친 말이고, 부속 도서는 섬 약 3,400개를 말한다. 우리나라의 4극을 말할 때도 남쪽 끝 마라도, 동쪽 끝 독도는 남한에 있지만 북쪽 끝과 서쪽 끝은 북한에 있다.

이런 이유로 우리나라 학생들에게 가장 어려운 말은 우리나라다. 도대체 우리나라는 남한만을 말하는 건지, 남북한을 합쳐서 부르는 말인지 헷갈린다는 거다. 사실 이 질문에 대해 누구도 분명히 말하기가 어렵다. 우리 헌법에서는 북한을 국가로 인정하지 않는다고 하지만 남한 대통령과 북한 국무위원장이 만나면 정상회담이라고 부르지 않는가? 상대를 국가로 보니까 정상이라는 말을 쓰는 것이고, 올림픽 때도 각각 국기를 들고 입장하고, 유엔에도 각각 가입되어 있다.

지금은 잘 쓰지 않는 말이지만 과거에는 북한을 북괴라고 불렀다. 북한이 반정부 단체, 반정부 게릴라 집단인 것이다. 북한이라는 말도 우리식 표현이지 정작 그들은 자신들의 나라를 조선민주주의인민공화국이라고 부른다. 그럼, 북한은 남한을 어떻게 볼까? 똑같다. 북한도 남한을 국가로 인정하지 않으며, 남한 땅을 북한 영토에 포함시키고 있다. 차이가 있다면 남한은 북한의 행정 구역도 인정하지 않는 데 반해, 북한은 남한의 행정 구역은 인정하는 편이다. 남한의 '특별시'나 '광역시' 등은 분단 이후에 생겨난 행정 구역이지만 북한에서 나온 지도를 보면 인정하고 있다. 단, 강원도는 북과 남으로 분리하고 있다. 그리고 남한에 이북 5도청이 있고, 5도 위원회가 있는 것처럼 북한에도 미수복 지구 지방 자치 단체장이 임명되어 있다.

2018년 4월 이후 남북한의 관계가 국제 정세와 함께 급변하고 있다. 조만간 전쟁을 마친다는 종전을 선언하고, 평화 협정까지 이루어진다면 북한을 정식 국가로 인정하는 것으로 헌법도 개

북한의 행정 구역 북한의 직할시와 특별시의 밑에는 구역, 군을 두고, 도의 아래에는 시, 군을 두었다. 그리고 시, 군, 구역 밑에는 동, 읍, 리, 노동자구가 있다. 따라서 북한에는 면이 없다. 그 외 특급시인 개성특급시, 특별 행정 구역인 '지구'가 있는데, 신의주특별행정구, 금강산관광지구, 개성공업지구가 있다.

정돼야 하지 않을까 생각된다. 여기에는 반대하는 사람도 있겠지만 현실적으로 북한을 인정하지 않고는 별다른 방법이 없다. 오히려 전쟁이라도 발발한다면 남북한이 모두 망하는 길이고, 남한 경제는 50년 전으로 돌아갈 것이라고 한다. 그렇다면 미래를 준비하는 오늘을 살아야겠다. 그중 하나가 우리가 찾아갈 북한 땅의 행정 구역을 알아 두는 거다.

"양강도, 자강도 들어 봤니?"

1945년 광복 당시, 북한은 6개의 도(道)로 이루어져 있었다. 조선 8도에서 북한 땅에 있던 함경남도, 함경북도, 평안남도, 평안북도, 황해도, 강원도였다. 그러다가 북한이 남한보다 작을 수 없다고 생각했는지 행정 구역 개편을 해서 남한과 같은 9개의 도 체제를 갖추었다. 방법은 황해도를 황해남도와 황해북도 2개로, 평안북도를 평안북도와 자강도 2개로, 함경남도를 함경남도와 양강도 2개로 쪼개는 것이었다. 여기서 낯선 행정 구역명이 생겨나는데 바로 자강도와 양강도다.

자강도는 압록강 중류에 있는 도이며, 자강은 자성군과 강계시의 앞 글자를 합친 지명이다. 도청 소재지는 강계에 있다. 양강도는 백두산을 품은 지역으로 양강은 이름 그대로 두 개의 강, 즉

두만강과 압록강이 흐른다는 지명이다. 도청 소재지는 혜산이다.

북한은 그 뒤로도 여러 번 행정 구역이 바뀌는데 2018년 현재, 1개의 직할시와 2개의 특별시, 9도로 되어 있다. 직할시는 북한 최대의 도시인 평양직할시며, 특별시는 경제 개발과 외국인 투자 등이 이루어지는 남포특별시와 나선특별시다. 남한에서는 서울이 특별시인데 북한에서는 남포와 나선이 특별시다.

한편 북한의 행정 구역 중에는 남한 입장에서 존중하기 어려운 것도 있다. 북한은 1980년대 이후 신파군을 김정숙(김일성의 부인)군, 후창군은 김형직(김일성의 아버지)군 등으로 바꾸었다. 남북한이 두 개의 국가 체제를 유지하는 동안이야 큰 문제가 없겠지만 통일이 된다면 저런 지명은 어떤 운명을 맞이하게 될지 궁금하다.

32 통일이 왜 우리 소원이어야 할까?

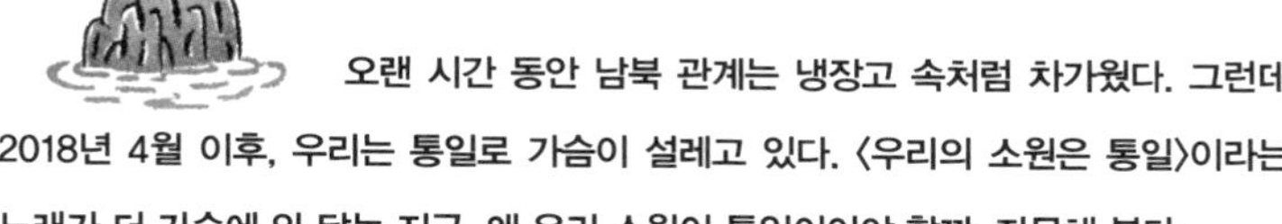

오랜 시간 동안 남북 관계는 냉장고 속처럼 차가웠다. 그런데 2018년 4월 이후, 우리는 통일로 가슴이 설레고 있다. 〈우리의 소원은 통일〉이라는 노래가 더 가슴에 와 닿는 지금, 왜 우리 소원이 통일이어야 할까, 자문해 본다.

2018년 4월 27일, 문재인 대통령과 북한의 김정은 국무위원장이 판문점에서 만났다. 남북 정상은 악수를 하며 남북 군사 분계선을 오고 갔다. 그리고 12시간의 정상 회담 후 판문점 선언을 통해 끊어진 민족의 혈맥을 잇고 공동 번영과 자주 통일의 미래를 앞당기자, 그러기 위해 군사적 긴장 상태를 완화하고, 평화 체제를 구축하자고 했다. 이 한마디를 듣기 위해 온 국민은 하루 종일 TV 곁을 떠나지 못했다.

현재 남북 분단을 상징하는 군사 분계선은 휴전선이다. 휴전선이란 말 그대로 전쟁을 잠시 쉬는 동안 그어진 선이란 뜻이다. 1948년 8월 15일 대한민국 정부 수립이 선포되었고, 9월 9일에는 조선민주주의인민공화국이 선포되었다. 남한은 미국의 영향으로 자본주의 국가가 되었고, 북한은 소련의 영향으로 사회주의 국가가 되었다.

그러나 2년 후 1950년 6월 25일 북한이 남한을 침략하여 한국 전쟁이 발발하게 되었다. 남한과 북한은 서로 밀고 밀리기를 반복하며 약 3년을 싸웠고, 1953년 7월 27일 휴전 협정이 맺어졌다. 우리 한민족은 대부분 남한과 북한으로 갈라서기를 바라지 않았지만 강대국의 의도대로 우리는 갈라져 살아야 했다.

휴전선이 있기 전에 남한과 북한은 38선을 기준으로 나누어져 있었다. 임시로 그은 군사 분계선인 38선은 일제의 패망 후 연합국들이 일본군의 무장을 해제하려고 취한 조치였다. 미국은 남한에서 소련은 북한에서 일본군의 무장 해제를 이행했다. 하지만 그 과정에서 북한에는 소련군이 남한에는 미군이 주둔하면서 38선은 분단의 선이 되었다. 사실 미, 소 두 나라가 한반도에 욕심을 낸 결과였다. 1945년, 이렇게 시작된 분단이 아직도 진행 중인 것이다.

통일이 왜 우리의 소원이어야 할까? 통일은 우리 민족의 눈물을 닦아 준다. 남북 분단과 한국 전쟁으로 인해 발생한 수많은 이산가족이 고향을 그리워하며 죽어 가고 있다. 이산가족의 연령이 100세에 이를 정도로 노령화되어 통일이 더욱 절박하다.

통일은 우리의 자존심을 높인다. 우리 민족은 중국, 일본 등 강대국 사이에 있으면서도 오천 년 동안 한반도를 지키며 살아왔다. 따라서 다시 하나가 된다면 반만년 역사를 가진 민족으로서 정체성을 회복하고 자긍심을 높일 것이다.

통일은 국토의 효율성을 높인다. 통일이 되면 남한은 북한을 통해 중국, 러시아, 유럽으로 진출할 수 있다. 현재 남한은 섬 아닌 섬이다. 북쪽으로의 육로가 차단되어 있으니 말이다. 남한의 자본과 기술이 북한의 지하자원과 만난다면 그 부가 가치는 매우 높다. 현재 북한에 매장된 자원을 돈으로 따지면 약 1경에 해당된다고 한다. 1경은 1000조가 10번 모이면 되는 돈이다. 게다가 북한 사람들은 대화가 가능한 노동력이다. 중국이나 동남아시아에 공장을 짓는 것보다 북한에 짓는 것이 큰 이익이라는 말이다. 어떤 사람들은 남한 돈이 북한으로 가서 낭비되는 것처럼 말하는데 이는 틀린 말이다. 오히려 남한에 더 큰 이익이 될 것이다.

"교육비 무료, 의료비 무료, 제발~"

마지막으로 통일은 세계 평화에 기여한다. 남북한은 세계적으로 사실상 유일한 분단국가며, 불과 얼마 전만 해도 미사일이 날아다니는 긴장의 땅이었다. 그러니 통일 자체가 세계 평화에 얼마나 큰 이바지인가.

판문점 선언이 나오기까지 오랜 세월이 걸렸다. 모두가 축제 분위기인 상황에서도 상당수의 사람들이 통일 세금을 걱정한다. 그러나 그것은 십 리밖에 보지 못하는 말이다. 우리가 통일을 이루지 못해서, 남북 대치 상황 때문에 얼마나 많은 돈을 쓰고 있는가? 일단 남북 상황이 나빠지면 우리 경제가 요동을 치며 주식 가격은 폭락을 한다. 해외 투자자들은 전쟁이 날 거 같은 나라에 투자하지 않는다. 한편 우리나라 총 예산 중 44조 가까이가 국방비로 나간다. 1년 예산 약 440조를 쓰는 나라에서 44조면 어마어마한 돈이다. 이 돈이면 모든 국민이 1년 동안 무료로 초등학교부터 대학까지 다닐 수 있고, 질병 치료도 무료로 가능한 돈이다. 이렇게 통일이 좋으니, 우리의 소원이 통일인 것이다.

6장!

세계를 바라보는 눈을 키우자

우리나라의 대척점은 우루과이?

둥근 지구에서 나와 가장 멀리 떨어진 곳은 어딜까? 아마 그곳은 지구에서 정반대 편일 것이다. 그곳을 대척점이라고 한다. 지구에는 약 75억 명의 인구가 있고, 이 중 누구와 누구는 서로 대척점에 살고 있다.

둥근 사람 머리통을 지구라고 할 때 왼쪽 귀의 대척점은 오른쪽 귀다. 서로 대척점에 있는 두 곳은 계절이나 낮과 밤이 서로 반대인 경우가 많다. 예를 들어, 우리나라가 겨울일 때 우리의 대척점에 있는 곳은 여름이고, 우리가 가을이면 그곳은 봄이다. 하지만 적도에 있는 나라들은 그 대척점도 적도이기 때문에 열대기후가 나타난다. 북극과 남극도 마찬가지다. 서로 대척점에 있지만 모두 1년 내내 겨울이 나타난다.

우리나라의 대척점에는 어떤 나라가 있을까? 사실 지구에서 대척점에 있는 두 곳이 모두 육지인 경우는 생각보다 적을 것이다. 왜냐하면 지구의 71%는 바다이기 때문이다. 그래서 많은 나라들의 대척점에는 육지가 아닌 바다인 경우가 많다.

우리나라의 대척점이 어떤 곳인지를 알려면 지구 땅속으로 들어가 반대편으로 나와야 한다. 지금 내가 있는 곳은 인천이다. 일단 안전벨트부터 매야겠다. 자, 지구 속으로 떨어져 보자. 지구는 삶은 달걀과 같다. 먼저 달걀 껍질에 해당되는 딱딱한 지각을 통과하는데 평균 두께가 30킬로미터 정도다. 지각을 통과하면 흰자위에 해당되는 맨틀을 지나는데 그 두께가 약 2,900킬로미터다. 지각을 통과할 때보다 더 긴 고통을 참아야 한다. 맨틀을 통과하면 노른자위인 핵으로 들어가서 지구 중심까지 약 3,500킬로미터를 더 떨어진다. 그리고 다시 핵, 맨틀, 지각을 거쳐 지구 반대편으로 튀어나오면 그곳은 남미의 우루과이와 아르헨티나 앞바다일 것이다. 거기서 수영을 해서 가면 가장 가까운 곳에 우루과이 수도 몬테비데오가 있다. 참고로 몬테비데오의 정확한 대척점은 전라남도 여수다.

몬테비데오는 '산이 보인다'라는 뜻을 가진 에스파냐어로 된 지명이다. 때는 16세기, 마젤란 함대가 대서양에서 라플라타강 하

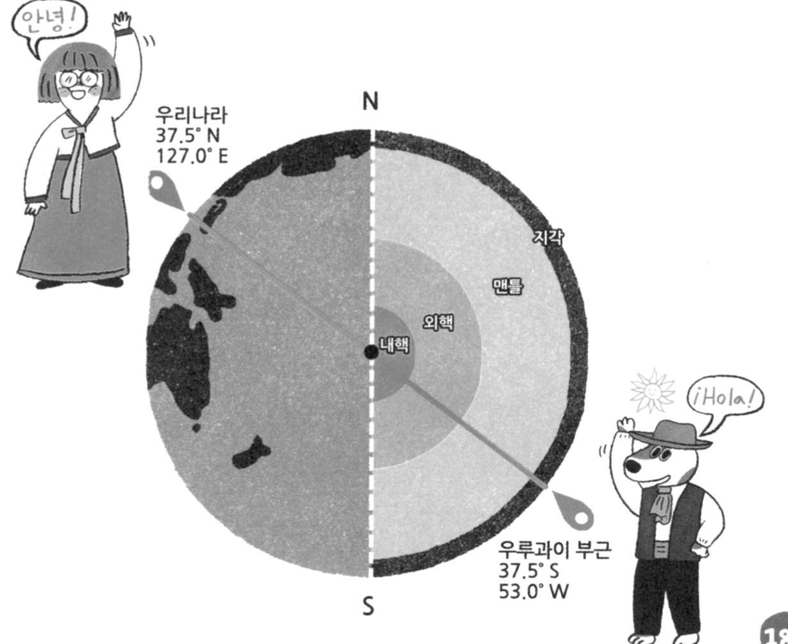

구를 거슬러 오르고 있었다. 그런데 주변이 평평했다. 그곳은 팜파스라는 남미 최대의 평야 지역이었다. 그러다가 저 멀리 산이 보였다. 이때 한 선원이 "산이 보인다"라고 외쳤다고 한다. 그 산은 엘세로산으로 해발 고도는 고작 약 150미터였다. 사실 150미터면 보기에 따라서는 구릉지나 언덕이지만 초원의 평야가 펼쳐진 그곳에서는 귀한 존재였다.

"나와 가장 멀리 떨어진 곳, 대척점"

사람들은 그 산에 등대도 세우고 성도 쌓았다. 오늘날 몬테비데오는 우루과이의 정치, 경제, 문화 중심지다. 면적은 약 209제곱킬로미터로 서울의 1/3정도로 작지만 인구는 약 150만 명인 유일한 대도시다. 우루과이의 총인구가 약 350만 명인데 그중 40%가 수도에 사는 꼴이다. 하나의 도시에 전체 인구 중 40%가 산다는 것은 별로 바람직한 일은 아니다. 몬테비데오는 농업과 목축업 같은 1차 산업이 중심을 이루는 이 나라에서 2, 3차 산업이 발달한 곳이다.

유럽인의 발이 닿은 이후로 몬테비데오는 에스파냐, 포르투갈, 아르헨티나, 브라질 등 땅 주인이 여러 번 바뀌는 기구한 운명에 놓인다. 그러다가 1828년 브라질과 아르헨티나가 영국 중재로

'몬테비데오 조약'을 맺는다. 이 조약에 따라 당시 남미의 강대국 브라질과 아르헨티나 사이에 완충 지대 역할을 하는 국가 우루과이가 탄생하게 되었다.

한편 남미는 대부분이 백인, 흑인, 아메리카 원주민 등의 혼혈 국가인데 우루과이는 어떨까? 우루과이는 독특하게도 약 90%가 백인인 나라다. 아르헨티나와 함께 남미에서 두 나라만 백인이 대부분을 차지하고 있다. 또 우루과이는 월드컵 1회 개최국이자 우승국이다. 결승전에서 우루과이는 아르헨티나와 접전 끝에 4-2로 승리했다. 우루과이 국민은 열광했고, 이튿날은 공휴일로 선포됐다.

우리나라와 우루과이를 통해, 대척점에 있는 두 곳은 정반대로 보이지만 1년을 통틀어 보면 결국 우리나라도 4계절이 있고, 지구 반대편에도 4계절이 있다는 사실을 깨닫게 된다. 대척 관계는 보기에 따라 달라질 수 있다. 서로 등지고 있다고 보면 소통이 전혀 될 수 없는 적이자 반대편이다. 하지만 마주 보고 있다고 보면 포옹도 하고, 위로도 해 주는 한편이다.

34 표준시는 어떻게 정해졌을까?

막 잠들었는데
무슨 전화야…?

LONDON

01:20

지금이 몇 신데
잔다는 거냐!

SEOUL

09:20

표준시는 그 지역에서 기준이 되는 시간이다. 나는 가끔 비행기로 1시간 거리인 중국 다롄에 가는데, 인천 공항에서 아침 9시 비행기를 타면 다롄에 아침 9시(중국 시간)에 도착한다. 우리나라가 중국보다 1시간 빠른 표준시를 쓰기 때문인데, 이를 잊고 있으면 귀신에 홀린 듯 착각에 빠진다.

본래 지구에 시간이라는 것은 없었다. 과거, 현재, 미래 이런 개념은 인간이 만든 것이지 지구에 존재하던 개념은 아니다. 고대 문명이 발달했던 시대에도 '해질 무렵에 만나자, 범람할 때가 됐으니 높은 곳으로 이동하시오' 등 자기가 사는 곳의 시간 정도만 알면 됐다. 걸어서 이동하던 시절에는 하루 종일 걸어서 약 40킬로미터를 이동했다. 보통 성인 걸음으로 시간 당 4킬로미터를 이동한다고 할 때 하루에 40킬로미터면 10시간 정도를 걷는 것이다. 그런데 교통과 통신이 발달하면서 지역과 지역이 연결되고 교역이 활발해지면서 서로의 시간을 맞출 필요가 있었다. 19세기에 열차가 생기면서 하루에 300킬로미터 이상도 이동이 가능해졌고, 열차 시간표도 만들어야 했다. 따라서 각 지역마다 표준시가 필요하게 되었다.

1884년 표준시를 정하기 위한 국제 자오선 회의가 미국의 워싱턴에서 열렸다. 시간의 기준은 어디로 해야 할까? 당시 가장 강대국이었던 영국이 자기 땅을 기준으로 할 것을 주장했다. 영국을 기준으로 시간을 정할 경우 날짜가 바뀌는 날짜 변경선이 대부분

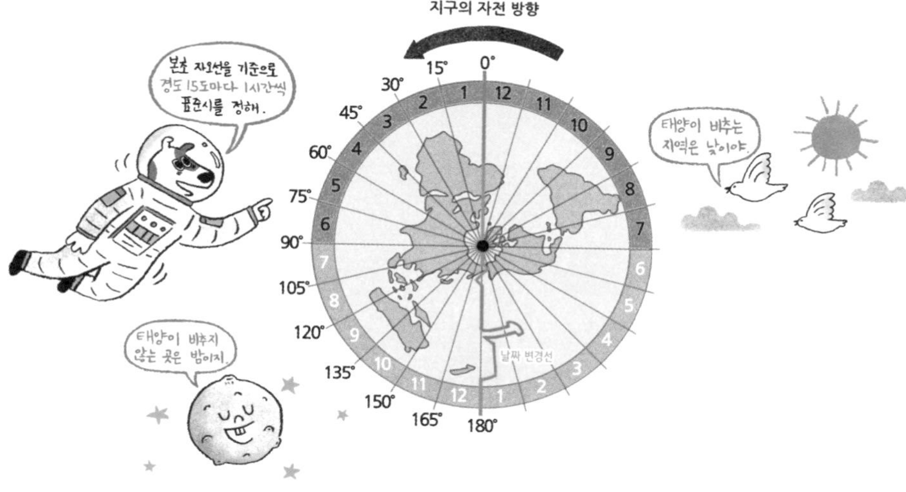

태평양 바다가 되었다. 만약 대륙을 가로질러 날짜 변경선이 지난다면 여러 나라들이 날짜가 달라지는 혼란을 겪을 것이다. 이런 면에서 본초 자오선을 영국을 기준으로 한 것은 의미가 있다.

자오선이란 '자, 축, 인, 묘, 진, 사, 오, 미, 신, 유, 술, 해' 열두 개의 시 가운데 자시(밤 12시)와 오시(낮 12시)를 뜻한다. 본초 자오선은 '밤 12시와 낮 12시가 근본적으로 시작되는 선'이란 뜻이다. 본초 자오선은 현재 경도 0도선이다. 그리고 날짜 변경선은 본초

서머 타임 낮 시간이 길어지는 봄에 표준시보다 1시간 시계를 앞당겨 놓았다가 낮 시간이 짧아지는 가을에 되돌리는 제도이다. 유럽 여러 나라의 서머 타임은 매년 3월 마지막 일요일에 시작되어 10월 마지막 일요일에 끝난다. 미국과 캐나다의 서머 타임은 매년 3월 두 번째 일요일에 시작되어 11월 첫 번째 일요일에 끝난다.

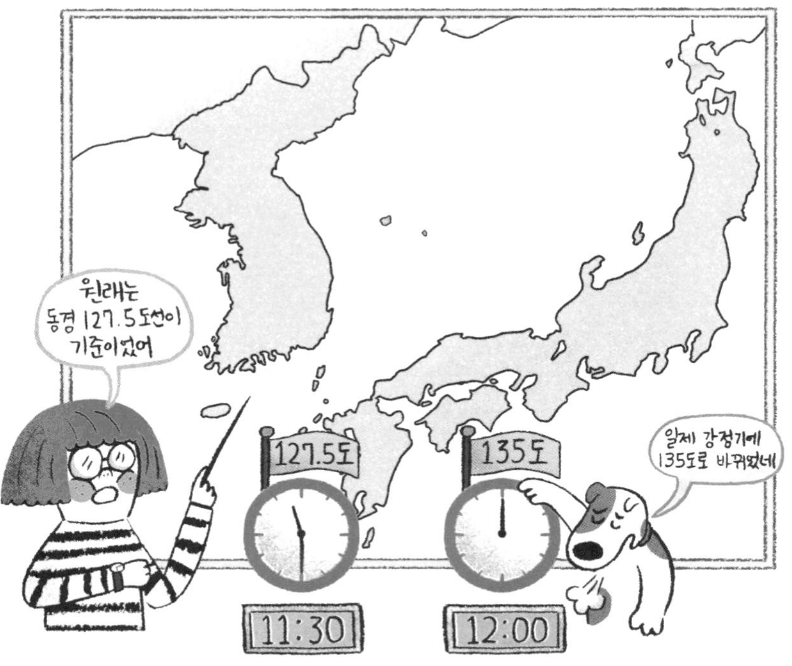

자오선의 정반대 편에 있다. 하루는 24시간이고 둥근 지구는 360도이기 때문에 한 시간은 경도 15도가 된다. 따라서 본초 자오선을 기준으로 동경 180도, 서경 180도로 나눌 수 있으며, 동경 180도선과 서경 180도선은 같은 선이자 날짜 변경선이다.

본초 자오선을 기준으로 동쪽으로 가면 동경이라고 부르고, 서쪽으로 가면 서경이라 한다. 영국을 기준으로 보면 유럽과 아프리카, 아시아는 대부분 동경에 해당되고, 아메리카는 대부분 서경에 해당된다. 해가 동쪽에서 뜨기 때문에 영국 시간보다 우리나라는 9시간(동경 135도선) 빠르다. 9시간이 빠르다는 것은 우리나라가 오후 3시면 영국은 오전 6시라는 뜻이다.

나라마다 표준시는 제각각이다. 우리나라처럼 영토가 크지 않은 나라는 대부분 1개의 표준시를 쓰지만 미국처럼 큰 나라는 4개나 되는 표준시를 쓴다. 하지만 미국과 영토 크기가 거의 같은 중국은 베이징을 지나는 동경 120도선 1개를 기준으로 표준시를 정했다. 그러니 동부의 베이징 사람들은 오전 8시면 출근을 하지만 서부 사람들은 아직도 쿨쿨 자고 있을 것이다. 서부 사람들에게 오전 8시란 베이징 사람들의 새벽 5시와 같은 것이다. 이는 중국 정부가 서부 지역의 소수 민족을 배려하지 않은 결과다.

"평화의 집에 시계가 두 개 걸린 이유는?"

우리의 표준시에는 슬픈 역사가 있다. 우리는 1908년 한반도를 지나는 동경 127.5도선을 표준시로 처음 썼다. 그러나 일제 강점기로 들어선 후 1912년, 우리의 표준시를 일본 표준시인 동경 135도에 맞췄다. 독립 후 이승만 정부는 다시 동경 127.5도(1954년)선을 썼으나 쿠데타로 정권을 잡은 박정희 군사 정권은 다시 동경 135도(1961년)선을 표준시로 했다.

북한은 지난 2015년 광복 70주년을 맞아 일제 잔재를 청산

한다는 의미에서 표준시를 이전보다 30분 늦은 '평양시'(127.5도)로 바꿨다. 그러나 30분의 시차가 생기니 불편함과 착오가 발생했다. 한 예로, 2015년 8월 24일, 군사적 충돌을 막기 위해 남북 고위급 접촉이 열렸고 25일 낮 12시를 기해 비방 방송을 중단하자고 했다. 이에 우리 군은 낮 12시에 확성기를 껐지만 북한은 남한 시간으로 12시 30분에 껐다. 또 당시 합의가 이루어진 시간이 오전 12시를 넘기는 바람에 남한은 '8·25 합의', 북한은 '8·24 합의'로 불렀다.

지난 2018년 4월 27일, 판문점 회담에서 북한이 평양 표준시를 서울 표준시에 맞추겠다고 했다. 당시 북한의 김정은 국무위원장이 문재인 대통령에게 '평화의 집 대기실에 시계가 2개 걸려 있었다. 하나는 서울 시간, 다른 하나는 평양 시간을 가리키고 있었는데 이를 보니 매우 가슴이 아팠다'며 시간부터 먼저 통일하자고 제안했던 것이다. 먼 훗날 남북한이 통일을 이룬다면 그 첫 단추는 바로 표준 시간의 통일이었다고 역사는 기록할 것이다.

35

산업 혁명으로 인간은 더 풍요로워졌을까?

요즘 눈만 뜨면 4차 산업 혁명 시대가 열리고 있다고 한다. 아직 2차, 3차 산업 혁명이 무엇인지도 잘 모르는데 4차 산업 혁명이라니? 어떤 이들은 4차 산업 혁명은 지구촌을 더 부유하게 할 것이라고 한다. 이 말은 18세기 1차 산업 혁명 때도 누군가가 했던 말이다.

찰스 디킨스의 소설 『크리스마스 캐럴』을 읽어 본 적이 있을 것이다. 19세기 이전까지 영국의 크리스마스는 우리가 알고 있는 크리스마스 모습과는 꽤 달랐다. 지금처럼 온 국민의 화려한 축제가 아니었다. 검소함을 강조한 17세기 청교도들에 의해 축소되었고, 산업 혁명의 여파로 노동 조건이 가혹해졌기 때문이었다. 결국 크리스마스는 부유한 가정에서만 화려하게 축하되었을 뿐 가난한 사람들이 늘어나면서 맥이 끊길 위기에 처해 있었다.

소설에서 스크루지 영감과 기부금 모금자의 대화를 보면 산업 혁명 당시의 모습이 잘 보인다. 기부금 모금자가 스크루지에게 생필품이 부족한 사람이 수천 명, 기본적인 생활도 힘겨운 사람들이 수만 명에 이르니 도움을 달라고 부탁한다. 하지만 스크루지는 구빈원으로 보내라며 거절한다. 구빈원은 복지 시설로, 가난한 사람들에게 도움을 주는 곳이었다. 여기서 모금자는 구빈원이 가득 차서 갈 수 없는 사람들도 많다고 대답하는데, 이는 당시 영국의 실제 상황이었다.

19세기 영국은 산업 혁명으로 큰 발전을 이룩하고 있었다. 국가 전체적으로 보았을 때는 맞다. 산업 혁명은 대량 생산에 의한 대량 소비 시대를 열었고, 석탄이나 석유, 전기 등과 같은 새로운 에너지원이 많이 쓰이게 되었다. 방적기, 동력 직조기와 같은 기계를 쓰면서 손노동을 줄이게 되었고, 여럿이 일을 나누어 하는 분업이 가능해져 대량 생산을 하게 되면서 많은 돈을 번 부자들이 나타나게 되었다.

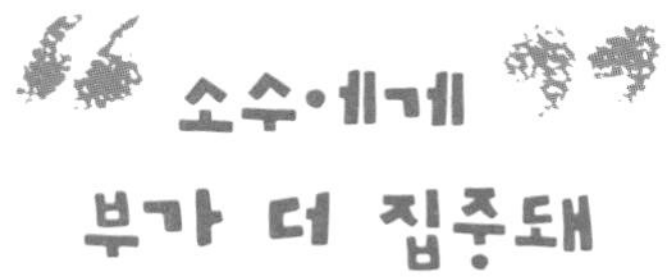

소수에게 부가 더 집중돼

하지만 분배 체계가 제대로 갖춰지지 않았다. 부의 대부분은 상류층인 자본가들에게 돌아갔고, 중하류층은 가난에 시달렸다. 가내 수공업을 하던 사람들은 공장 제조업의 생산량과 가격 경쟁력에 밀려 몰락해 갔고, 공장에서 일하는 노동자들도 적은 임금과 과한 노동 시간에 시달렸다. 오히려 부의 격차가 심해졌다. 19세기 영국은 상위 10%가 전체 국민 소득의 50%를 가져갔다고 한다. 이는 19세기 영국과 프랑스만이 기록하고 있는 수치다. 그리고 지금까지 이 수치는 경제 붕괴의 상징적인 경계가 되었다. 그래서 그런 상황을 해결하려고 영국 정부가 사회 보장 정책을 시행하려 하자 반대하던 자본가들을 스크루지에 빗대어 꼬집은 작품이 바로 『크리스마스 캐럴』이다.

2017년, 전 세계에서 증가한 부의 82%가 상위 1% 부자에게 돌아갔다. 더 놀라운 것은 전 세계 하위 50%는 부의 증가가 전혀 없었다는 것이다. 2009년에 상위 380명의 재산을 합친 것이 하위 50% 인구의 재산을 모두 합친 것과 같았다. 그런데 2016년에는 상위 61명, 2017년에는 상위 42명의 재산을 합친 것과 같았다. 갈수록 빈부 격차가 더 커지고 있는 것이다.

우리나라도 2015년도 기준으로 상위 10%가 전체 국민 소득의 43.4%를 차지하고 있다. 이는 33%인 프랑스, 40%인 영국보다 높으면서 47%인 미국에 이어 OECD 국가 중 두 번째로 경제적 불평등이 심각한 것이다. 경제 성장률이 두 자리 수면 뭐할 것인가? 분배가 고르지 못하면 많은 사람들이 빈곤으로 허덕이게 되고, 우리 사회는 더욱 갈라지게 될 것이다.

북미 회담이 열린 싱가포르는 어떤 곳?

2018년 6월 12일, 세기의 만남이 있었다. 늘 서로를 적대시하고 최악의 언어로 혹평을 하던 북한과 미국 정상이 만난 것이다. 그런데 그 장소는 북한도 미국도 아닌 싱가포르였다. 왜 싱가포르였을까?

싱가포르는 정치적으로 중립 국가다. 그 어느 편도 아니란 말이다. 북한과 미국은 서로 믿지 못하는 관계이기 때문에 중립국이 필요했던 것이다. 싱가포르에는 미국 대사관과 북한 대사관이 모두 있다. 북한은 1975년 싱가포르와 수교를 맺었고, 미국도 1966년부터 싱가포르와 수교를 맺었다.

싱가포르는 안보에 유리하다. 싱가포르에는 미국 해군 기지가 있어서 미국 입장에서는 군사 작전도 가능하다. 그리고 이런 국제 행사를 자주 갖는 싱가포르 경찰은 잘 훈련된 강력한 조직이다.

다음은 김정은 국무위원장 전용기인 참매 1호의 비행 거리 때문이다. 참매 1호가 너무 오래된 비행기여서 1만 킬로미터가 넘는 장거리는 비행 자체가 어렵다. 따라서 약 4,800킬로미터 떨어진 싱가포르는 북한 입장에서 참매 1호로도 안전하게 갈 수 있는 거리였다. 실제 김정은 국무위원장은 중국에서 보내 준 보잉 747기를 타고 싱가포르에 갔다. 보잉 747기는 트럼프 대통령의 전용기와 같은 기종이다.

다음은 상징성이다. 싱가포르는 2015년 시진핑 중국 국가주석과 마잉주 전 대만 총통의 역사적인 정상 회담이 열렸던 '중립

외교 무대'의 상징성이 있는 장소다. 미국 입장에서는 인구 대다수가 화교지만 중국의 영향력이 별로 크지 않은 싱가포르가 부담이 적었다.

싱가포르는 말레이반도 끝에 떨어져 있으며, 싱가포르섬과 60여 개의 작은 섬들로 되어 있다. 영토 대부분이 고도 15미터 미만의 낮은 언덕이고, 기후는 1년 내내 뜨겁고 비가 많은 전형적인 열대 기후다. 국민 중 약 80%가 중국계 화교이고, 약 20%가 말레이계와 인도계이다. 언어도 다양한데 영어와 중국어가 많이 쓰이고, 말레이어와 타밀어 등도 쓰인다. 또한 종교는 불교, 이슬람교뿐 아니라 크리스트교, 힌두교, 도교까지 다양하게 믿는다.

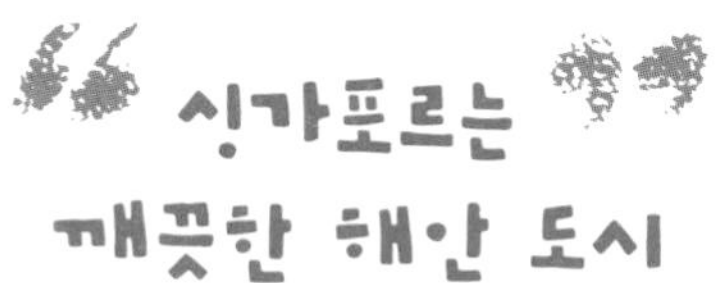

1965년, 싱가포르는 말레이시아로부터 떨어져 나와 주권을 가진 독립 국가가 되었으며, 막강한 경제력으로 동남아시아 국가 연합에 큰 영향력을 행사하고 있다. 특히 초대 총리인 리콴유가 강력한 지도력으로 싱가포르를 선진국 반열에 오르게 했다. 하지만 그의 통치 방법을 두고는 지나치다는 설도 있다. 독재적이고, 국민들을 지나치게 법으로 가두려고 하는 것 같다는 말이다. 싱가포르에는 곤장을 치는 태형이 있다. 10여 년 전 미국 청소년이 싱가포르에서 차량 십여 대를 벽돌로 부수고, 페인트 스프레이를 뿌린 적이 있는데, 그 대가로 태형을 받았다. 이때 미국 정부에서 싱가포르 정부에 태형만은 하지 말아 달라고 부탁도 하고, 압력도 넣었지만 싱가포르 경찰은 상관없이 곤장을 쳤다. 그리고 태형만큼이나 무서운 것이 벌금형이다. 길에서 소변을 보거나, 쓰레기를 아무 데나 버리는 행위 등은 우리나라 돈으로 20만원에서 160만원까지 벌금을 낸다. 무단 횡단은 80만원, 화장실에서 용변을 보고 물을 내리지 않아도 12만원 정도의 벌금을 낸다.

싱가포르라는 지명은 '사자의 도시'라는 뜻이다. 싱가포르는 국가의 이름이자, 수도의 이름이다. 싱가포르는 적도에 있는 열대 도시이지만 다른 열대 지역에서는 보기 드물게 깔끔하다. 싱가포르는 동양과 서양이 만나는 곳, 태평양과 인도양이 만나는 곳이라는 지리적 위치를 이용해 세계적인 도시가 되었다.

37
히잡을 쓰면 정말 안 될까?

히잡이 유럽에서는 갈등과 분쟁의 원인이 되고 있다. 2000년대 이후 프랑스, 네덜란드, 오스트리아 등 유럽 여러 나라의 공공 기관이나 기업에서 히잡을 쓰지 못하게 하고 있다. 유럽 사법 재판소는 그것이 '차별'에 해당하지는 않는다는 판결을 했다. 좀 복잡해 보이지만 히잡을 쓴 노동자를 해고해도 된다는 뜻이다.

히잡 착용에 대한 시선은 사람이나 지역마다 다르다. 어떤 이들은 히잡이 강제로 써야 하는 것이기 때문에 여성을 억압하는 수단이라고 비난한다. 자유와 평등을 사회의 주요 가치로 보는 유럽에서는 강제로 써야 하는 히잡이 자유에 반하며, 불평등하다는 것이다. 그리고 로마에 가면 로마법을 따르라고 했듯이 유럽에 왔으니 유럽식으로 살아가라는 것이다. 이들은 무슬림 여성이 히잡을 착용하지 않아도 되는 날이 오면 히잡을 이슬람의 문화로 존중하겠다고 한다. 하지만 또 다른 이들은 히잡을 존중하는 태도야말로 이슬람 문화에 대한 존중이라고 말한다.

히잡은 이슬람교를 믿는 여성이 집 밖으로 나갈 때 반드시 써야 하는 의류다. 무엇을 숨기고 있을 때 베일에 가려져 있다고 하는데 여기서 베일이 바로 히잡, 차도르, 니캅, 부르카처럼 신체의 일부 또는 전부를 가리는 것을 말한다. 히잡은 그중에서 가장 적게 가리는 베일이다. 히잡은 머리카락을 감싸는 스카프로 얼굴은 가리지 않으며, 나이나 신분에 따라 모양과 색이 다르다. 히잡은 이슬람교의 경전인 『코란』에도 착용해야 한다고 나와 있다. 다 알

다시피 코란은 이슬람교를 믿는 사람에게는 기독교의 『성경』과 같은 것이다.

이슬람교는 7세기에 사우디아라비아의 메카에서 시작된 종교로, 3대 보편 종교(세계 종교) 중 하나다. 3대 보편 종교는 크리스트교, 불교, 이슬람교인데, 이 중 가장 늦게 발생했으면서도 가장 빠르게 전파된 종교는 이슬람교다. 이슬람교는 무역과 전쟁을 통해 빠르게 전파되었다. 특히, 7세기 당시 아랍에서는 종교 전파와 영토 확대의 과정에서 전쟁이 빈번했다. 어느 전쟁에서든 여성과 어린이는 가장 큰 피해자 중 하나다. 이때도 전쟁터의 여성들은 성적인 도구로 유린당하는 경우가 많았다. 그래서 이를 해결하는 방법으로 시작된 것이 여자의 성적 매력이 드러나지 않게 몸을 가리는 것이었다.

상대를 이해하고 존중하자

히잡은 머리에만 쓰는 것이지만 파키스탄이나 아프가니스탄에서는 온몸을 가리는 니캅이나 부르카를 두른다. 유럽인들이 이해하기 힘든 이슬람 문화는 히잡 말고도 많다. 예를 들면 일부다처제도 그렇다. 전쟁은 여성과 어린이에게 큰 상처를 남기지만 전쟁에 참가한 남자들은 죽음으로 그 대가를 치러야 했다. 따라서 당시 전쟁으로 많은 남자들이 죽었고, 거리에는 여성과 아이들이 넘쳤다. 이 문제에 대한 사회적 해결 방법이 일부다처제였다고 한다. 한 남성 당 네 명의 아내까지 맞이할 수 있게 한 것이다. 그렇게 해서 무너진 가정을 추스르고 출산을 장려하여 노동력을 늘려 나갔다. 하지만 사회적으로 안정된 오늘날 대부분의 이슬람 국민들은 실제로 일부일처로 살고 있다.

어차피 인간들은 서로 다른 곳에서 태어나게 되어 있고, 그러다 보니 서로 다른 의식주 생활을 하며 살고 있다. 그렇다면 상대를 이해하고 존중하는 문화 상대주의가 당연하다는 생각이다. 히잡을 쓰는 여성이 그것을 억압이라고 느낀다면 존중될 문화라고 하기는 어렵지만 거꾸로 쓰기를 원한다면 그것은 존중되어야 하지 않을까? 그리고 개인주의가 시작된 곳, 인권이 가장 존중된다는 유럽에서는 더더욱 그래야 할 것이라고 믿는다.

38

'콜럼버스의 날'이 왜 사라질까?

신대륙의 발견자로 유명한 콜럼버스의 존재감이 미국에서 날이 갈수록 떨어지고 있다. 콜럼버스의 아메리카 상륙을 기념하기 위한 '콜럼버스의 날'은 연방 국경일로 매우 중요한 날이었는데, 이 날을 '원주민의 날'로 바꾸는 도시들이 늘고 있다.

2017년 한 해만도 20개가 넘는 도시에서 '콜럼버스의 날'을 '원주민의 날'로 기념했다. 1992년 캘리포니아주 버클리에서 처음으로 원주민의 날을 기념한 후 여러 도시들이 잇따라 콜럼버스의 날을 없애고 있다. 뉴욕에서는 센트럴파크에 있는 콜럼버스 동상에 페인트로 쓴 '증오는 용인되지 않는다'는 글귀가 발견되었다. 뉴욕시 의회에서는 아예 콜럼버스 동상을 철거하자는 주장이 나오고 있다.

콜럼버스는 대륙의 발견자가 아닌 상륙자일 뿐이며, 그가 아메리카 대륙을 파괴했다는 것이다. 콜럼버스에 의해 아메리카에 노예 제도가 생겨났고, 콜럼버스는 자신이 원하는 것을 얻기 위해 원주민을 학살하고, 토착 문화를 파괴했다는 것이다. 또 콜럼버스 때문에 아메리카에 전염병이 확산되었고, 이로 인해 많은 사람들이 죽었다는 것이다.

한편에서는 '콜럼버스의 날'을 지켜야 한다는 주장도 있다. 특히 이탈리아계 미국인들은 "원주민을 기념하는 의도는 좋지만 시대가 바뀌었다고 해서 콜럼버스 날의 명칭을 바꾸고, 그가 이뤄

낸 최소한의 업적조차 폄하하는 것은 도의적으로나, 공정성 차원에서 지나친 것"이라고 반박했다.

1492년 8월 3일, 콜럼버스는 약 120명의 선원과 배 3척을 이끌고 에스파냐 팔로스항을 떠났다. 인도로 가는 새로운 항로를 개척하겠다고 에스파냐 여왕에게 약속한 이후였다. 그리고 70일째 되던 10월 12일에 바다에 떠다니는 나무 조각과 새들을 발견한다. 콜럼버스는 그 섬에 '산살바도르(오, 신이여, 감사하나이다)'라고 새로운 이름을 붙이고 에스파냐 영토임을 선언했다. 원주민들이 구아나하라고 부르는 섬은 하루아침에 산살바도르가 되었다.

콜럼버스는 그 후 세 달 동안 배를 끌고 여기저기 다니며 처음 보는 섬들에 에스파냐 식으로 이름을 붙이고 영토 선언을 했다. 콜럼버스는 총 4번 아메리카 원정에 나서는데 이사벨 여왕에게 약속했던 향신료를 가져오지 못했고, 금도 많이 발견하지 못했다. 상황이 이렇다 보니 그는 더 이상 에스파냐 왕실의 지원을 받지 못했고, 1506년 조용히 세상을 떠났다.

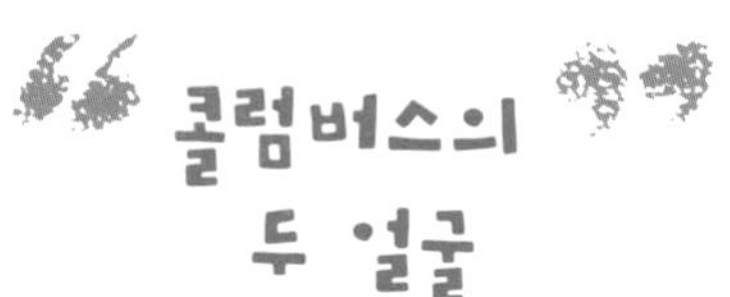

콜럼버스의 두 얼굴

콜럼버스는 위대한 탐험가로 평가돼 왔다. 그러나 아메리카 대륙을 점령하는 과정에서 못된 짓을 많이 했다. 2006년 에스파냐에서 발견된 콜럼버스 점령 당시 기록을 보면, 콜럼버스는 저항하는 원주민들을 학살한 뒤 신체를 자르고, 잘린 신체를 들고 거리를 행진했다. 금을 정기적으로 바칠 것을 강요했고, 더 이상 금을 가져오지 않자 원주민의 손목을 잘랐다. 콜럼버스의 만행은 여기서 끝이 아니다. 1차 항해를 마치고 에스파냐로 돌아와서는 자기가 찾은 땅에 금과 신비한 물건이 가득하다고 거짓 보고를 했다. 그 거짓말 때문에 유럽에서는 영웅이 되었고, 많은 유럽인들로부터 아메리카가 침략당하는 계기가 되었다.

이런 과거를 알게 된다면 아무리 콜럼버스가 대단한 탐험가라고 해도, 그를 존경하기는 어렵다. 따라서 진실을 알게 된 아메리카 사람들이 콜럼버스를 아메리카에서 지우려고 하는 것은 당연한 일이다.

39

세계에서 가장 추운 마을은?

오이먀콘은 미국의 과학 잡지 〈사이언티픽 아메리카〉에서 사람이 살고 있는 도시 중 가장 추운 마을로 다룬 곳이다. 우리는 영하 10도만 돼도 등교하기 싫은데 오이먀콘에서 그 정도 기온은 따뜻한 날로 여겨진다고 한다.

2018년 1월, 러시아에 있는 오이먀콘 마을이 영하 67도를 기록했다. 오이먀콘의 역대 최저 기온은 1926년의 영하 71.2도이며, 마을에 가면 그것을 기념하는 표지판이 세워져 있다. 하지만 세계기상청이 인정하는 공식 기록은 1933년의 영하 67.7도다. 그런데 2018년에 영하 67도까지 기온이 내려간 것이다.

오이먀콘은 전 세계 인간이 사는 곳 중에서 가장 추운 마을로 알려져 있다. 여기는 9월이면 겨울이 되어 얼음이 얼기 시작하고, 이듬해 5월까지도 추운 겨울이 지속된다. 오이먀콘의 1월 평균 기온은 영하 50도다. 지구상에서 가장 춥다고 여겨지는 남극의 내륙 중심부 연평균 기온이 영하 55도 정도이니 얼마나 추운지 가늠할 수 있다.

오이먀콘은 인구 500명 정도인 작은 마을이다. 오이먀콘 주민들 중에는 과거 바이칼호 근처에서 살다가 이주해 온 사하족 후손들이 대부분이다. 그들은 순록을 기르거나 어로나 수렵을 하며 살고, 어떤 사람은 전통 악기를 만들며 산다. 오이먀콘은 농업이 어렵기 때문에 곡물을 먹기보다는 순록이나 말고기, 얼음낚시로 잡은 생선을 주로 먹는다. 이들이 먹기도 하고 타기도 하는 말은 영하 50도 추위도 거뜬하게 버티는 야쿠트 말이다.

오이먀콘은 너무 추워서 물이 부족할 것 같지만 얼어붙은 호수에서 얼음을 잘라다가 창고에 쌓아 두고 식수나 용수로 쓴다. 또 얼음낚시로 잡은 고기를 어시장에 내다 팔기도 하는데 이곳 상인들은 냉장고를 쓰지 않는다. 낚시를 하면 물고기가 수면 위로 올라오자마자 얼어 버린다. 오이먀콘 주민들은 생활 속에서 늘 신기한 일들을 겪는다. 빨래를 널면 얼어서 깨지고, 물을 공중에 뿌리거나 소변을 누면 바로 얼어 버린다. 가축들도 특수 의류를 입고, 집은 외부 전체가 얼어 있고 음식은 눈 속에 얼려서 보관한다.

최근에는 세계에서 가장 추운 마을로 알려지면서 이곳을 찾아오는 관광객이 늘고 있다. 오미야콘 주민들은 세상에서 가장 추운 마을이라는 유명세를 이용해서 관광 상품을 개발했다. 바로 추위 체험이다. 이 마을은 남극 대륙에 버금가는 추위를 느낄 수 있는 곳이다 보니 많은 사람들이 혹한을 느끼기 위해 오이먀콘을 방문하고 있다. 그리고 신기하고 믿기지 않는 현상을 눈앞에서 보고 느껴 본다. 이곳에서 겨울 하룻밤을 보내고 나면 먼 곳에서 온 손님을 위해 오이먀콘 마을에서는 그날의 최저 기온이 적힌 인증서를 발급해 주고 있다. 세계에서 가장 추운 마을에 다녀갔다는 사실을 증명해 주는 것이다.

그런데 지도에서 오이먀콘을 찾아보면 한 가지 의문점이 생긴다. 오이먀콘은 러시아 야쿠티아 공화국에 위치한 도시로 북극점에서는 3,000킬로미터 정도 떨어져 있다. 북극 바로 옆에 있을 것 같지만 사실 생각보다 많이 떨어져 있다. 그런데도 세계에서 가장 추운 마을이 되었다. 그 이유는 햇볕을 적게 받는 고위도에 있으면서도 대륙 안쪽에 자리 잡고 있어서 쉽게 차가워지는 대륙의 특성이 강하게 반영되기 때문이다. 그리고 이곳은 평지가 아니라 해발 고도 700~750미터의 고원에 위치하고 있다. 따라서 평지에 있는 것보다 약 5도 정도는 더 낮을 것이다. 오이먀콘의 지형을 보면 북쪽이 열려 있는 말발굽 모양의 분지 안에 있다. 분지는 산으로 둘러싸인 지형을 말한다. 그래서 겨울철이면 북극해의 습하고 찬 공기가 내려와 분지에 머무르며 낮은 온도를 형성하는 것이다.

"1월 평균 기온이 영하 50도???"

겨울이면 영하 50도를 넘나드는 오이먀콘이지만 생각보다 많은 동식물이 살고 있다. 그 이유는 여름이면 기온이 많이 높아지기 때문이다. 이곳의 여름은 두세 달에 불과하지만 7, 8월이 되면 영상 30도까지 오르는 날도 있을 정도다. 영상 30도라면 우리나라의 여름과 별 차이가 없다. 이렇게 따뜻한 날이 있기에 식물이 자라고 마을이 형성될 수 있었던 것이다. 하지만 일 년 중 가장 낮은 기온과 높은 기온의 차이인 연교차가 80도 정도 되고, 심할 때는 100도에 이른다면 인간이 살기 어려운 곳은 분명하다.

오이먀콘의 지명은 '얼지 않는 물'이라는 뜻이라고 한다. 겨울이면 모든 것이 다 얼어 버리는데 도시 이름치고는 역설적이다. 얼지 않는 물은 바로 마을 안에 있는 온천을 말한다. 어쩌면 오이먀콘 주민들에게 이 온천은 가장 소중한 존재였기에 마을의 이름이 된 게 아닐까 싶다.

40

갈등을 넘어 공존은 가능할까?

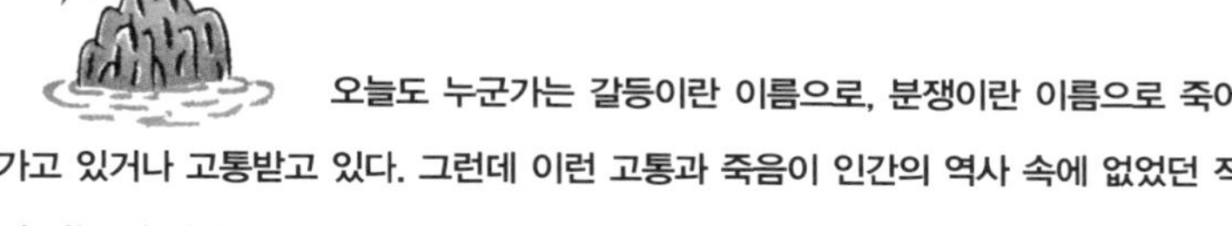

오늘도 누군가는 갈등이란 이름으로, 분쟁이란 이름으로 죽어가고 있거나 고통받고 있다. 그런데 이런 고통과 죽음이 인간의 역사 속에 없었던 적이 없는 것 같다. 그렇다면 갈등을 넘어 모두가 공존하는 세상은 꿈인가?

전 세계는 하루도 조용할 날이 없다. 지금도 컴퓨터를 켜고 인터넷으로 들어가 갈등, 분쟁이라는 키워드를 넣고 검색하면 헤아릴 수 없이 많은 사건들이 일어나고 있다. 분쟁이 발생하는 데는 몇 가지 큰 이유가 있다. 가장 흔한 것은 영토와 자원을 놓고 싸우는 분쟁이다. 한마디로 밥그릇 싸움인데 많은 분쟁이 땅을 뺏고 석유 같은 자원을 차지하기 위해 벌어지고 있다.

그런가 하면 민족과 종교가 다르다는 이유로도 많이 싸운다. 우리나라는 민족 문제에 관한 한 낙원 같은 곳이다. 남북한이 갈라져 있지만 이는 민족 차이가 아니라 이념 차이로 인한 것이니, 민족 분쟁은 아니다. 그러나 러시아, 중국, 인도, 아프리카의 여러 나라 등 다민족 국가들에서는 민족 간 분쟁이 끊일 날이 없다. 민족 분쟁은 주로 한 국가 안에서 소수 민족들은 분리 독립을 꿈꾸고, 지배 민족은 이를 허락하지 않기 때문에 발생한다.

세계의 고질적인 분쟁 원인 중 하나는 종교다. 우리는 종교가 다르다는 이유로 서로 죽이려고 들지 않으니 종교 분쟁을 깊이 이해하기는 어렵다. 그러나 크리스트교도와 이슬람교도 간, 이슬람교의 수니파와 시아파 간, 불교도와 이슬람교도 간의 분쟁은 마치

끝없는 싸움처럼 보인다. 그리고 이 많은 분쟁으로 인해 세계는 난민이 늘어만 가고 있다. 1990년대 초 소련이 망하면서 전 세계는 곧 평화의 땅이 될 것 같았다. 그러나 아직도 세계는 총성이 멈출 날이 없다. 그럼, 세계의 공존은 불가능할까? 포기해야 하는 걸까?

넬슨 만델라는 남아프리카 공화국에서 선거로 뽑힌 최초의 대통령이다. 그는 평생을 인종 차별과 싸웠다. 남아공의 인종 격리 정책인 아파르트헤이트는 잔인하기로 유명하다. 남아공으로 온 영국인들은 금과 다이아몬드를 갈취하기 위해 흑인 원주민들을 노예로 부렸다. 1990년대 초까지도 흑인들은 전기, 수도, 교통, 의료 등 국가의 공공 혜택을 받지 못했다. 백인들이 가는 식당에 흑인들은 갈 수 없었고, 기차도 백인들이 타는 칸에는 흑인들은 탈 수 없었다. 그리고 이런 차별과 지배를 영원히 지속하려고 했다. 이런 부당함에 맞서 싸운 이가 바로 넬슨 만델라다.

그는 1964년 백인 정권으로부터 종신형을 선고받았고, 그 뒤 27년 간 감옥 생활을 했다. 만델라의 투쟁이 전 세계에 알려지면서 만델라는 인권 운동의 상징이 되었고, 1990년 석방되었다. 그리고 1993년 노벨 평화상을 수상했으며, 1994년 남아프리카 공화국에서 최초로 실시된 평등 선거에서 대통령으로 선출되었다. 그런데 만델라는 과거의 인권 침해 사례를 철저히 조사하여 '용서는 하되, 잊지는 않는다'며, 잔인한 죄를 저질렀던 가해자들이 진심으로 반성하면 용서하였다. 그리고 피해자 무덤에 비석을 세워

후손들이 영원히 차별 정책을 기억하도록 하였다. 만델라의 화해 정책으로 인해 오늘날 남아공은 백인과 흑인이 공존하는 사회를 이루었다.

이런 기적은 남아공처럼 절대 없을 것 같은 나라에서 또 있었다. 바로 미국이다. 그토록 흑인을 차별했던 나라인 미국에서 흑인 아버지를 둔 오바마가 대통령이 되었다. 게다가 오바마는 부모가 이혼한 한부모 가정에서 자랐다. 그런 오바마가 미국 대통령이 된 것이다. 오바마는 당선 수락 연설에서 이렇게 말했다.

"젊은 사람과 나이 많은 사람, 부자와 가난한 사람, 흑인, 백인, 히스패닉, 아시아인, 아메리카 원주민, 동성애자와 이성애자, 장애인과 비장애인 할 것 없이 미국인은 전 세계에 우리가 단순히 공화당과 민주당의 집합체가 아님을 보여 줬습니다. 우리는 지금까지도 그래 왔고 앞으로도 언제나 '하나의 미국'이 될 것입니다."

비록 오랜 시간이 걸리겠지만 언젠가 모두가 공존할 수 있는 날을 기다려 본다. 그런 날이 올 것을 믿고 사는 것과 믿지 않고 사는 것은 오늘 하루가 다르기 때문이다.

질문하는 사회 05
유럽은 왜 빵빵 할까?

초판 1쇄 발행 2018년 9월 17일
초판 5쇄 발행 2022년 4월 5일

지은이 조지욱 그린이 김혜령
펴낸이 이수미
편집 이해선
북 디자인 신병근
마케팅 김영란

종이 세종페이퍼 인쇄 두성피엔엘 유통 신영북스

펴낸곳 나무를 심는 사람들
출판신고 2013년 1월 7일 제2013-000004호
주소 서울시 용산구 서빙고로 35 103-804
전화 02-3141-2233 팩스 02-3141-2257
이메일 nasimsabooks@naver.com
블로그 blog.naver.com/nasimsabooks

ISBN 979-11-86361-79-5
979-11-86361-44-3(세트)

• 이 도서의 국립중앙도서관 출판예정도서목록(CIP)은
서지정보유통지원시스템 홈페이지(http://seoji.nl.go.kr)와
국가자료공동목록시스템(http://www.nl.go.kr/kolisnet)에서 이용하실 수 있습니다.
(CIP제어번호: CIP 2018027860)